第二次探検の宿舎のスコット

南極のスコット

•人と思想

中田　修　著

147

CenturyBooks　清水書院

まえがき

南極探検をしたスコットの名は日本でも広く知られていて、新聞や雑誌その他に現われることが少なくない。しかしこの人の事績で主として話題にされる第二次南極探検の記録が日本語に訳されていないことを知り、先年、私はそれを訳して『スコット・南極探検日誌』として出した。

そういう翻訳をし、またいくらか関連の本を読んでもいたが、私はまだスコットの探検行動を全体にわたって把握するには至っていなかった。そしていつかスコットの事績をいくらか系統的に知っておきたいと思っていて、今度それを試みる機会を与えられた。

そういう次第で、この本はスコットの評伝でもなく、またスコットの業績や行動の論評でもなくて、単に、スコットの探検をスコットおよび彼の隊員たちの残した記録を主な資料としてまとめた、いわばレポートにすぎない。しかし、それだからかえってスコットあるいは極地探検に関心を持つ人に参考になるのではないかとひそかに期待している。

ところで、この本は「人と思想」というシリーズに入っている。しかしスコットの場合は人については本人の日記や、行動をともにした隊員たちの記述を頼りにある程度までは見ることができるが、もっぱら行動の人であった彼を思想の面で取り上げることは不可能である。したがって、この本は本シリーズには半分不適格であるが、たまたま毛色の変わった一冊がまぎれこんだということでお許しいただければ幸いである。

目　次

第三章　テラ・ノバ号の南極探検――第二次探検（一）

第四章　テラ・ノバ号の南極探検——第二次探検（二）

第一章　南極探検以前のスコット

スコットの生きた時代のイギリス(1)

階級社会

スコットが生まれたのは一八六八年（慶応四年）で、それはイギリスの歴史でビクトリア女王時代（一八三七〜一九〇二）の中期に当たる。イギリスは一八一五年にナポレオンに対して勝利を収めたあと、長く平和を享受していた。国の政治は十八世紀から続いて議会と政党内閣制によって行なわれていたが、選挙権は貴族を主とする大土地所有者など一部の人々に限られ、議会は彼らによって支配されていた。

イギリスの社会は、そういう上層階級の次に比較的裕福な中産階級があり、その下に労働者階級（下層階級）があるという構成の階級社会、身分社会であった。そして国民の大多数である労働者階級の人々は、中産階級以上の人々と比べて生活条件が極端に悪く、国の繁栄にもかかわらず、耐えられないような困窮の状態にあることが多かった。

社会改革

一八三二年に選挙法が大きく改正され、それは貴族支配の社会から民主的社会への移行に道を開いた。そして国会、地方自治体、教会、大学その他の学校などに、民主主義の活力が徐々に広まり、社会の改革を目指す活動が官民両面で見られるようになった。チャールズ＝ダーウィンの『種の起源』（一八五九）は科学の進歩の一つの顕著な成果であったが、それは同時に、深刻な論争を広く社会に巻き起こし、国の民主化を促進した。また、クリミア戦争（一八五三〜五六）でのフロレンス＝ナイチンゲールの活動によって、教育と訓練を受けた女性による近代的な看護という新しい思想と実践が社会に地歩を占めるようになった。そしてこれは婦人参政権運動と女子教育の改善へとつながっていった。

中産階級

イギリスでは十八世紀以来、世界に先がけて産業革命が進行し、その成果である工業製品を大量に植民地その他の海外市場へ輸出することによって国は飛躍的に栄え、スコットの生まれたビクトリア時代の中ごろには未曽有《みぞう》の繁栄期を迎えていた。

その一つの結果として、産業資本家を主とする中産階級が、貴族を主とする上流階級に代わって次第に社会を代表するようになっていった。彼らは当然、物質文明と経済的繁栄を礼賛し、常識に従い、実行的であった。同時に彼らはキリスト教の信仰を大切にし、それに基づく倫理・道徳を重んじて生活した。穏やかな家庭生活を営むことも彼らの好むところだった。そして彼らの目指す人間像は、いわゆるジェントルマンだった。
英語の gentleman は、元来は中産階級ではなく、貴族に準ずる階層、つまり上流に属する人を指す言葉であるが、一般的には、由緒ある家系の出で、経済的に余裕があり、騎士道的な性向、すなわち高潔、勇敢、礼節、弱者への思いやりなどの美徳を生活規範とする人を意味している。

帝国主義

インドや中国などでの武力行使を別にして、イギリスはクリミア戦争のほかに、ビクトリア時代にもう一度戦争をした。南アフリカでのボーア戦争（一八八〇～八一および一八九九～一九〇二）である。この二次にわたるボーア戦争で、イギリスは最終的には勝利を得て南アフリカを支配するようになったが、予想外に苦戦し、また戦争が長引いた。

空前の繁栄とともに当時の世界に並びない大帝国を築いたイギリスでは、人々におのずと帝国主義の意識がしみ通っていった。そしてビクトリア時代の末には、傲慢《ごうまん》な帝国主義的な考えがはびこっていたが、ボーア戦争によって人々はそういう考えについて反省を促されるようになった。

二十世紀に入ると、世界には国家、民族、階級の間に対立と敵意が生じてきた。また科学技術の急速な進歩が、経済、社会、国際関係を息つくひまなく変化させ、安定のいとまを与えなくなった。国家や民族がそれぞれの平和と安全を求めて唐突につながり合い、一方で国家の野望が征服と権益拡大を競うようになった。そしてついに、互いに破壊し合う大戦争に突入した。

幼少期のスコット[2]

生まれ

「南極のスコット」ことロバート＝フォーコン＝スコットは一八六八年六月六日に生まれた。場所はイングランド南西部の、イギリス海峡に臨むデボン県のストーク・ダマラルというところだった。近くの町デボンポートは有名な海港都市プリマスに隣り合っていて、陸海軍の根拠地になっていた。父はジョン＝エドワード＝スコット、母はハナといった。一家はいわゆる中産階級に属し、アウトランズという名の屋敷に住んでいた。

スコット家は軍人を多く出す家系で、祖父も、祖父の三人の弟たちも海軍軍人だったし、父の四人の兄たちも海軍軍医あるいは陸軍軍人だった。しかし、スコットの父だけは軍人にならずに、祖父が弟の一人と共同で買い取って所有していた醸造所の経営に携わり、末弟だったがアウトランズの屋敷を継いだ。そしてスコットが子供のころ、家には祖父の姉妹の一人の老婦人も同居していて、彼女が幼いころにスコットランドの高名な詩人で小説家ウォルター＝スコットの膝《ひざ》に抱かれた思い出などを話してくれた。スコット家の先祖はイングランドとスコットランドの国境地帯の人で、家の言い伝えではウォルター＝スコットと同族だった。

ロバート＝フォーコン＝スコットは幼少のころ「コン」と愛称されていた。コン少年には二人の姉と一人の弟と二人の妹があった。二人の男の子は幼いころから軍人になるよう決められていたが、コン少年はあまり頑健なほうではなかった。そして、そういう体質とともに、短気で怒りっぽく、怠惰でだらしない性分も父から受け継いでいた。また、ぼんやりと物思いにふけることが多く、そのために父からムーニー（夢想家）というあだ名をもらっていた。

コン少年は八歳まで、当時裕福な家庭で行なわれていたように、住み込みの家庭教師の婦人から教育を受け、その後は近くの学校へ通学した。

海軍軍人としてのスコット

士官候補生

一三歳のときスコットは、海港都市ポーツマスの近くの町フェアラムにあるスタビントン・ハウスという寄宿学校に入った。そこは海軍兵学校受験の予備教育をする学校だった。そこで集中的な予備教育を受けたあと、スコットは試験に合格して兵学校へ入った。当時のイギリスでは、帝国の広大な版図を維持するために軍の重要性は大きく、それだけに軍は個人の立身の道としても有望だった。

スコットのように、中産階級の家庭の少年が将来海軍士官として身を立てようとするときは、通常一三歳から一五歳ぐらいで士官候補生として海軍兵学校へ入学した。ただ兵学校は普通の学校と

士官候補生のスコット（13歳）

違って、港に係留してある練習艦だった。士官候補生は学費は不要だったが、制服その他の個人的費用は自分持ちだったから、家から仕送りが必要だった。コン少年もイギリス海軍士官候補生となって兵学校である練習艦ブリタニア号に乗り組んだ。幼年期にはどちらかというとひ弱だった体も、このころにはたくましくなっていた。

一三歳といえば、いまの日本ではまだ中学の一、二年の年齢であるから、その年ごろで未来の海軍士官としてみっちり訓練を受けたことは、人間形成のうえで決定的な働きをしたに違いない。与えられた義務を精力的に果たし、命令を確実に実行し、やがて自分も命令する立場になって責任を担う。そのための徹底した訓練生活によって、怠惰になったり、怒りっぽかったり、ぼんやり空想にふけったりする性質は影をひそめた。

しかし生まれながらの性情を克服するのは容易ではない。そのためにスコットは並々ならぬ努力をしなければならなかった。二度目の南極探検で、極点からの帰途、遭難死する直前に夫人あてに書いた遺書の中で、スコットは遺児となる幼い子息の養育について希望を述べ、「何よりも怠惰にならないよう、子供みずからも気をつけ、また君にも注意してもらわねばなりません。たゆまず努力する人に育ててください。私自身は無理をしてやっとそういう人になったことは君も知る通りです――いつでも怠けぐせが顔を出したのです」と書いていることからもそれがわかる。

一八八三年（一五歳）にスコットは見習士官に進んだ。それからライオン号、モナク号、ローバー号その他の軍艦に順次配属され、そして一八八八年三月（一九歳）に中尉に任官し、それで一人前の海軍士官となった。その後一八九一年（二三歳）に大尉、一八九七年（二九歳）に上級大尉（のちの少佐）へと進んだ。

スコットは海軍のどんな分野の訓練にも意欲的に取り組んだ。未来の提督を夢見ていたであろう若き海軍士官のスコットが、このころ心に抱いていた努力目標をうかがい知ることのできる資料が残っている。

それは一人の士官が書いた手紙の一部をスコットが書き写したもので、その内容は、マクロクラン大佐という人が長さ四メートルあまりの小舟に乗って一人で軍艦から陸地へ向かったまま行方不明になり、四八時間後に救助された話である。その間、マクロクラン大佐は飲まず食わずで風波やサメや無数の水鳥と戦い、捜索の船が五度も近くを通ったのに声が届かず素通りされた。それでもなお希望を失わずがんばって、最後に間一髪のところで見つけられて救助された。その話を書き写したあとの余白に、スコットは、マクロクラン大佐の強靱《きょうじん》、勇敢、不屈に対して感嘆の言葉を書きつけ、最後に「要保存」と記した。

一八九一年（二三歳）にスコットは志願して水雷の専門的教育を受けるために、ポーツマスの水雷学校バーノン号に乗り組んだ。水雷は当時の新兵器で、スコットは熱心に訓練に従事し、知識と技能の獲得に努めた。

一方、休暇には、できるときはいつも帰省して父母や姉妹たちと過ごし、一緒にテニスをしたりヨットに乗ったりした。陸軍へ入っていた弟も休暇で帰省して、家族がそろって団欒《だんらん》することもあった。

一家の苦境

ところが一八九四年（二六歳）に思わぬ事態が生じた。一家の経済の破綻《はたん》である。父は経営していた醸造所を売却して、園芸を楽しみながら家族と安楽に暮らしていたが、投資の失敗があったらしく、生活に困るようになったのである。そのため一家はアウトランズの屋敷を人に貸し、農家を借りて引っ越した。その後、父は隣のサマセット県の醸造所に職を見つけ、家族を連れてそちらへ移った。四人の娘たちは次々に家を出て働き、独立して生活するようになった。

スコットは水雷学校の二年間の訓練のあと、地中海に配置されていた水雷母艦バルカン号に勤務していたが、家族の力になれるよう本国へ転勤させてもらった（一八九四末〜九五初）。このころにはスコットは、自分の個人的費用は海軍の給与でぎりぎりまかなえるようになっていたが、それからはいっそう倹約して少しでも家族を助けなくてはならなくなった。当時の同僚たちの記憶によると、スコットは酒も飲まず、金のいる遊びはすべて、率直に金がないと言って断わっていたという。それは若者には厳しい試練だっただろう。

陸軍の砲兵隊へ入っていた弟のアーチボールドも、家計を助けるために給与のよい西アフリカ駐屯部隊へ転属させてもらった。

一八九七年（二九歳）には、上の姉が結婚し、そのあと父が世を去った。残った母はロンドンへ出ていた下の二人の娘のところに身を寄せた。そして母の生活費は二人の息子で負担することになった。アフリカで陸軍に勤務していた弟は、行政職員として有利な地位が得られる見込みになり、母とスコットを喜ばせた。ところが、それからいくばくもなくして、その弟がチフスにかかって急死してしまった（一八九八）。

航海に出ていたスコットに次男の死を知らせる手紙で、母は、「もっと賢明に家を切り盛りしなかったために自分が子供たちの重荷になることになってしまった。すべては自分の落ち度だ」と、みずからを責めた。これに対してスコットは、母には何の科《とが》もないこと、それどころか自分たち子供の幸せはすべて母のおかげであり、弟も自分も誠実なジェントルマンに育ったのは母の導きがあったればこそであることなど、愛情のこもった返事を書き送って母を慰めた。

しかし、頼りにした弟の死によってスコットは金銭的にいちだんと厳しい状況に陥った。スマートさが重んじられる海軍士官が、金モールの輝きも薄れた、古びた制服を着ていなくてはならないのは辛かっただろう。それは昇進も阻害しかねなかったから、向上心が旺盛《おうせい》だっただけにスコットにはよほどこたえたに違いない。

幸い、結婚した姉の夫のウィリアム＝エリソン＝マカートニ（国会議員をしていた）がスコットの相談相手になってくれ、スコット一家の面倒を大変よく見てくれた。

南極探検隊長に志願

一八九九年六月の初め、スコットは短期間の休暇をロンドンで過ごしていて、ある日、かねて面識を得ていたクレメンツ＝マーカムと出会った。当時マーカムは王立地理協会会長の地位にあって、以前から考えていた南極探検隊の派遣計画を具体的に進めているところだった。その話を聞いてスコットは探検隊の指揮者に志願した。

イギリスはそれまでにほかのどの国よりも多く極地探検隊を出していて、その隊長は海軍士官が務めることが多かった。そして探検隊長を務めることは、海軍での昇進と社会的栄達を得るチャンスにもなっていた。

このたびの探検隊長の選任には多少いきさつがあったようであるが、結局、一年後にスコットが任命された。「一九〇〇年六月三〇日付で私は中佐に昇進し、一ヵ月後マジェスティク号勤務を免じられて探検隊の仕事に専念することになった(3)」

第二章　ディスカバリー号の南極探検——第一次探検(1)

スコット以前の南極探検(2)

スコットは一回目の南極探検の報告『ディスカバリー号の航海』の初めに、その航海の始まる一九〇一年までの南極探検の歴史を概観している。

初期の南への航海

スコットはまず、北極探検に関する文献の多さに比べて南極探検のそれがきわめて少ないことを指摘している。北極探検に比べて南極探検の歴史がそれだけ浅く、南極に関する知見が乏しかったということである。たしかに、当時でもまだ、南極は海上から周辺がきれぎれに発見されているだけだった。

南極地域に対する関心の始まりは、世界地図の製作者たちが、実際の探検によるのではなく想像上の「いまだ知られざる南の陸地」を彼らの地図に描き込んだことにあった。そういう地図が大胆な航海者たちの注意を引くようになり、十六世紀の初めごろから船が次第に南の高緯度へ達するようになった。

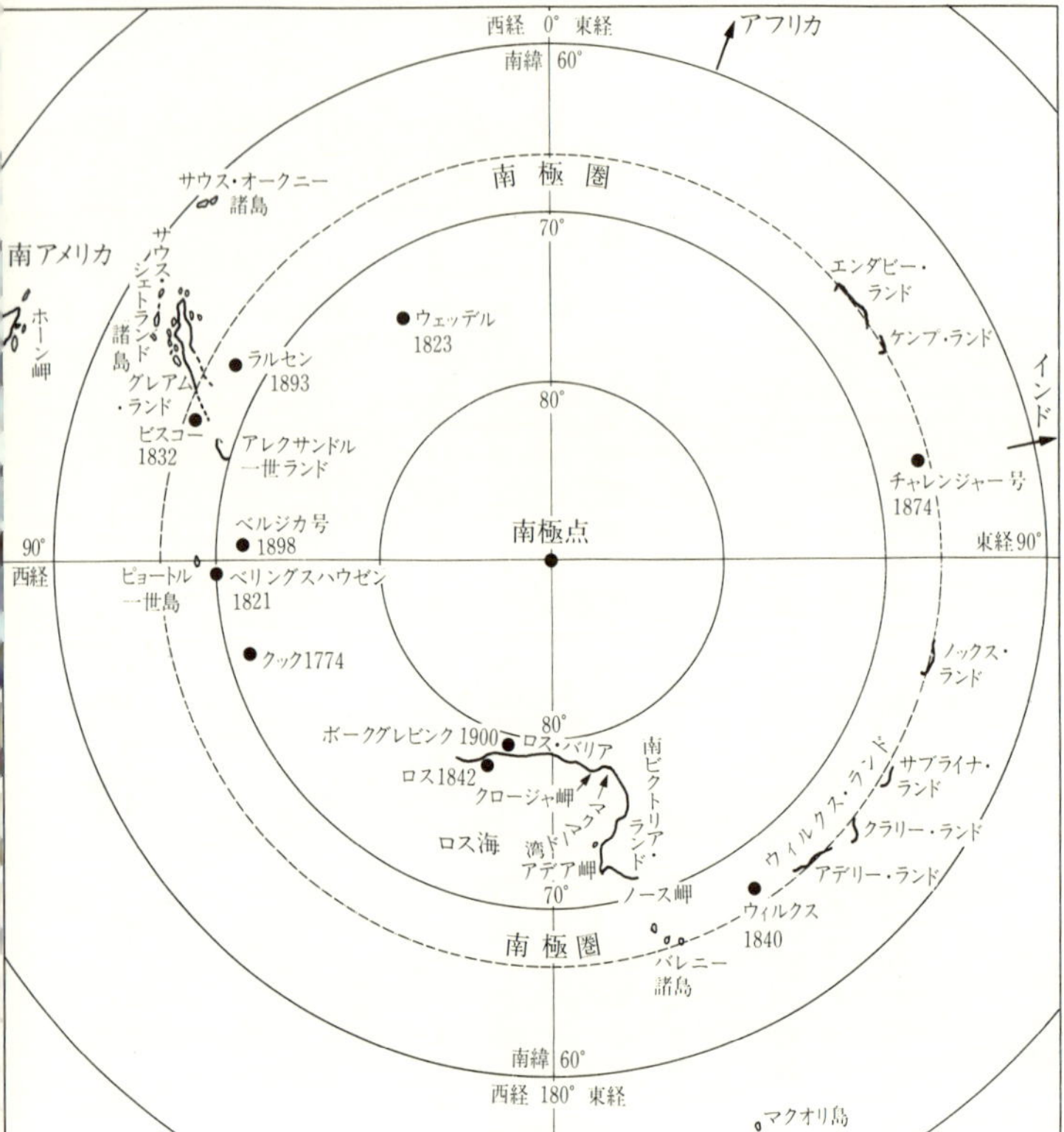

第一次探検出発前の南極

初期の南への航海は、それまでの大航海と同じく、一般に、新たに陸地を発見して国の領土を拡大し、富をもたらし、また国の威信と探検家個人の名声を高めることを目的としてなされていた。しかし十八世紀の後半以降は、領土の拡大や富に代わって知識の増進が次第に重視されるようになった。地球上の陸地および海洋の分布に関する完全な知識と、未知の地域での自然現象の調査が求められるようになったのである。

クックとベリングスハウゼン　南極地域の知見に画期的な貢献をしたのはイギリスのジェームズ＝クックだった。クックは三度の大航海のうち二度目の航海で、南の高緯度で地球を周航し、一七七三年一月一七日に史上初めて南極圏限界線（南緯六六度三三分。現在は一般に三三分とされる）を越えた。そして一七七四年一月には、西経一〇七度で南緯七一度一〇分まで南下した。そこでは、流氷の向こうに次第に高まりながらとぎれなく氷原が続き、その中に多数の氷の丘があるのを彼は認めた。

南の果てに陸地があるとしても、それは氷と雪に覆われた不毛の荒野であるに違いないことが、クックによって明らかにされた。

その後一八一九年から二一年にロシアのタデウス＝ベリングスハウゼンが、クックにならって南の高緯度で地球を周航した。彼はクックの最南点を越えるまでには至らなかったが、全体に高緯度を周航したので、南の陸地の範囲をいちだんと狭めることに成功した。そして史上初めて南極圏内に陸地の存在を確認した。ピョートル一世島とアレクサンドル一世ランドである。

捕鯨とアザラシ猟

十九世紀の前半には南の海で捕鯨とアザラシ猟が大規模に行なわれた。それらの捕鯨船やアザラシ猟船の船主や船長の中には、捕鯨やアザラシ猟を超えて、広く地理的発見に関心を抱く人も少なくなかった。そういう船主として顕著だったのはイギリスのエンダビー商会であり、船長としてはジェームズ＝ウェッデル、ジョン＝ビスコー、ジョン＝バレニーなどがいた。そして彼らによって南極地域の知見が大いに拡大した。

そのうち最も重要なものはウェッデルによる、現在のウェッデル海の発見で（一八二三）、そのとき彼はクックの最南点よりも三四〇キロメートル以上南の、南緯七四度一五分に達した。ウェッデルの報告した広い無氷の海域はその後ずっと、南極探検を計画する人々の心を強く引きつけた。ビスコーもエンダビー・ランドとグレアム・ランドを発見し（一八三一〜三二）、バレニーは バレニー諸島とサブライナ・ランドを発見した（一八三九）。ピーター＝ケンプによるケンプ・ランドの発見もあった（一八三三）。

スコットは、これら捕鯨やアザラシ猟に関連して行なわれた探検を概観したあと、次のように感想をはさんでいる。

「彼らは極端に小さい、そしてまったくのぼろ船で、氷塊の散らばる荒海へ果敢に突入していった。あわや遭難しそうになることもたびたびあった。船は破損し、ねじれ、ひどい水漏れを起こし、乗組員は絶え間ない労役で疲れ果て、また壊血病のために次々に死んでいった。それでも彼らは、信じ難いほどの困苦にもひるまず闘い進んだ。そして彼らは例外なく、ぎりぎりの状況になるまでは引き返さなかったようである。これらの航海の記録の、素朴で飾り気のない記述を読む人は、ひとしく、それらの記述の誠実さを信じ、それらの示す驚くべき粘り強さと勇敢さに打たれる」

こういう感想を読むと、スコットが初めは単に地理協会と王立協会の計画した探検に雇われる形で隊長となっただけだったのが、実地に体験することによって、探検精神とでもいう情熱を感じるようになったことがわかる。

地磁気に対する関心

このころから地磁気という問題が極地探検を推進する新しい動機となった。海洋の航海に関連して地磁気の研究の重要性が認識されるようになり、地磁気の完全な研究は極地域での広範な観測なしには不可能ということがわかってきたのである。こうしてイギリス政府が、イギリス科学協会の求めに応じて、南極地域へ探検隊を派遣することになった。

イギリスのこの南極探検隊がまだ準備中に別の二つの探検隊が南へ向かって出発した。一つはフランスのデュモン＝デュルビルの率いる探検隊（一八三七〜四〇）で、アデリー・ランド（テール・アデリー）とクラリー・ランド（コート・クラリー）を発見した。いま一つはアメリカのチャールズ＝ウィルクス指揮の探検隊（一八三八〜四二）で、東経一六〇度から、西へ東経一〇〇度のあたりまで連続的に陸地を発見したと報告した（ウィルクス・ランド）。

ロスの航海

イギリスの南極探検隊は、八度も北極地域で冬を経験した極地探検のベテラン、ジェームズ＝ロスが隊長となり、用船として二隻の砲艦エレバス号（三七〇トン）およびテラー号（三四〇トン）が選ばれた。この二隻は強い構造を持ち、船首部も補強されて、流氷の中を航行できるようになっていた。そのような砕氷船が南極地域へ向かったのはこれが初めてだった。

一八四〇年八月、ロスはタスマニアへ寄港して、自分の予定した進路をすでにフランスとアメリカの探検隊が踏査したことを知った。そのためロスは計画を変更し、予定より東の方向を指して南下した。そして一八四一年の元日に東経一七〇度あたりで南極圏へ入り、やがて密集した流氷にぶつかった。それまでだったら、そのような流氷は通過不能と考えられたから、針路を転じて流氷の外縁に沿って船を進めただろう。しかしロスは強い船を持っていたのでそのまま流氷に突入し、南を目指して押し進んだ。船の強さを考えてもこれは大胆な攻撃だった。

流氷へ突入して五日目の一月九日に船は開けた海へ出た。現在彼の名を持つロス海である。ここでロスは探検の主目的に従って南磁極の方向（西）へ針路を取った。そして一八四一年一月一一日に、行手正面に高い山々が見えてきた。南ビクトリア・ランドの発見である。

このときの航海で、南ビクトリア・ランドの高いいくつもの山脈と海岸線が、南緯七〇度半のノース岬から南緯七四度半のウッド湾までかなり正確に作図され、さらにその先へ南緯七七度半のマクマード湾（のちのマクマード海峡）までそれらがほぼ続いていることが示された。

そのあたりのやや東寄りに、二つの高い山、エレバス山とテラー山が発見され、エレバス山は活動中の火山だった。また、そこから東のほうへ延々と大氷壁が続いていて、ロスはそれをグレート・アイスィ・バリア（氷の大障壁）と呼んだ（本書ではロス・バリアまたは単にバリアとする）。そしてこの氷壁をたどるようにして東へ、西経一六七度の近くまで五〇〇キロメートルあまり航海した。

冬をタスマニアで過ごしたあとロスはふたたび南下してこの大氷壁をさらに東へ調査し、一八四二年二月二三日に西経一六二度三〇分のあたりで、ロスとして最南の南緯七八度一〇分に達し、ウェッデルの最南記録を四三〇キロメートルあまり超えた。そこから南は奥行き一五キロメートルほどの湾になっていた。しかしそこは氷がいっぱいで入れなかった。氷壁の向こうには、陸地に違いないと思われる高い氷の丘が認められた。

ジェームズ＝クックが南極地域の範囲を明確にしたとするならば、ジェームズ＝ロスは南極地域そのものを発見したと言えるだろう。ロスの探検以後五〇年間は、南極の地図はほとんど変わらなかった。

ロス以後の航海

南極の調査の歴史で、ロスの航海以後重要なものの一つは、イギリスのチャレンジャー号探検隊の航海である。チャレンジャー号は地球一周の深海調査という大航海の途中、一八七四年二月に、東経七三度二〇分のハード島から南下して南極圏へ入り、測深や海底からの標本の採取その他の調査を実施した。

このとき海底から採取した標本には数多くの大陸起源の岩石片があり、それらは南の陸地から氷山が運んだものに疑いなく、したがって、南極圏内に大陸性の陸地があることを、その陸地を見たも同然に、決定的に証明した。そしてチャレンジャー号の探検は、南極の未知の問題に科学者たちの関心を引きつけるという重要な働きもした。ちなみに、この探検隊は翌年日本へ立ち寄って二ヵ月あまり滞在している。

一八九三年から九四年には、ノルウェーの捕鯨船ヤーソン号のアントン＝ラルセン船長が、グレアム・ランドのウェッデル海側沿いに南へ下り、南緯六八度一〇分へ達した。この航海で、グレアム・ランドが細長い形をしていて、それが南極圏へかなり深く入るまで続いていることが明らかになった。またこのとき、南極地域で最初の化石が発見された。

一八九五年に、同じくノルウェーの捕鯨船アンタークティク号のヘンリク゠ブルとレオナール゠クリステンセンが南ビクトリア・ランドのアデア岬へ上陸した。これは南極大陸本土への、確認された史上初の上陸である。

一八九八年に、ベルギーのアドリアン゠ジェルラシの率いるベルジカ号の科学探検隊がグレアム・ランドの西岸を調査中、船が氷に閉じ込められ、人々は南極圏内で史上初めて越冬した。この探検隊は南極地域の科学調査で重要な貢献をした。この隊にはのちに北極点初到達を主張することになるフレデリク゠クック（第三章注(14)参照）と、スコットに先んじて南極点初到達を果たすロアル゠アムンセンが加わっていた。

一八九九年には、ノルウェー人カルステン゠ボークグレビンクの指揮する名目上イギリスの探検隊（サザン・クロス号）が、アデア岬に上陸して小屋を建てて越冬し、科学調査を実施した。この越冬は南極圏内の陸上での史上最初の越冬だった。この隊はまた西経一六四度あたりでロス・バリアへ上陸し、犬ぞりで南へ一八キロメートルほど進んだ。そして南緯七八度五〇分あたりへ達し、ロスの最南到達記録を更新した。

ディスカバリー号探検隊の誕生

探検隊派遣計画の具体化　一八七六年五月にチャレンジャー号探検隊が帰国し、調査の成果が発表されるようになると、南極地域に対する関心が新たに高まり、南極の科学的調査を推進しようという気運が起こった。そしてドイツでは、磁気学の権威ゲオルク＝ノイマイアの粘り強い努力が次第に実を結び、やがてエーリッヒ＝フォン＝ドリガルスキー指揮の探検隊が派遣されることになった。

イギリスでは、一八九三年に王立地理協会の会長になったクレメンツ＝マーカムが、かねてから考えていた南極探検を実現させようと決心し、一八九六年に政府に対して探検隊の派遣を働きかけた。しかし政府の賛成を得るに至らなかったので、マーカムは王立地理協会の事業として計画を進めることにした。

一八九八年の初めごろ、王立協会（科学振興を目的とする団体）がその事業に協同することになり、両協会によって構成された合同委員会が実施を担当することになった。その後、政府も、必要な資金の半額として四万五〇〇〇ポンドの補助をする決定をし、一方、マーカムの精力的な募金活動によって民間からの寄付も徐々に集まり、合わせて九万二〇〇〇ポンドに達して、この事業は資金面

での支障がなくなった。(3)

スコット、隊長となる

一九〇〇年六月に隊長に任命されてスコットがまず取りかかったことは、計画の進行状況の把握と、探検の重要目的である地磁気観測の学習を深めることだった。

一〇月の初めにスコットはノルウェーへ出かけ、有名な北極探検家フリチョフ＝ナンセンから極地探検の実際面について教えを受けた。次にスコットはベルリンへ移り、イギリス探検隊と同じ年に出発する予定のドイツ南極探検隊の隊長ドリガルスキーに会った。ドリガルスキーは好意的に応対してくれた。ドイツでは準備が着々と進み、隊員も決まってすでに準備の仕事に加わっており、探検船ガウス号も完成に近づいていた。

それに比べるとイギリス探検隊の準備はまったく遅れていたので、スコットは心配しながら急ぎ帰国した。イギリスでは船の建造はある程度進んでいたが、ほかの準備は足踏み状態だった。スコットはてきぱきと問題を処理して能率的に準備を進めるためには、自分が事業主に代わって権限を持たなくてはならないと考えた。そして幸い王立協会の事務長の助けもあって、スコットの考えに基づく提案が委員会で承認され、それによってスコットは、資金の使途について監督を受けるほかは、準備のすべての面を自由裁量で進めることができるようになった。

スコットの事務所の床にはたちまち、そり、スキー、毛皮衣類、ブーツなどが積み上げられ、またテーブルや棚は、方々からの手紙や無数の缶詰め食品の見本その他でいっぱいになった。そういう事務所の中でスコットは、時には準備が円滑に運んで喜んだり、時には停滞して、予定の出発にはとても間に合いそうにない、と気が重くなったりしながら、そして時には船の工事を監督するためスコットランドのダンディーまで急ぎ往復したりして、準備に忙殺されていた。

ディスカバリー号

イギリスのそれまでの極地探検に用いられた船はいずれも極地探検用につくられた船ではなく、石炭運送船や砲艦や捕鯨船や商船を極地探検用に改造・補強した船だった。しかし今度は専用の船が建造された。

南極探検のために初めて専用の船を建造するに当たっては、当然それまでの極地探検に使われた船を参考にすることになった。当時、極地探検用の船としてはナンセンのフラム号が名高かった。この船は、北極海の氷に圧迫されても押しつぶされずに氷の上へ浮き上がるように設計された船体を持っていた。そしてナンセンが意図したように、北極海で氷に閉じ込められて漂流するには大変適していた。

しかし南極の場合は、世界で最も荒れる南の海域とその先の流氷帯を通過しなければならないので、氷の圧迫に対する安全性よりも、荒海を乗り切り、流氷を押し分けて進む性能を持つほうが重要だと考えられた。

そういうわけで、新船の船体については、一八七五年から七六年にイギリスの北極探検に用いられて氷海航行能力に優れていた船（ディスカバリー号）にならうことになった。

でき上がった新船は、全長五二・五メートル、幅一〇・四メートルで、四八五トンの船だった。当時、造船はすでに鋼鉄船の時代に入っていたが、この探検の重要な目的である地磁気の正確な観測のために、新船は木造船だった。オーク材のがっしりした骨組みを持つきわめて頑丈な船で、特に船首は堅固につくられていた。そして四五〇図示《ずし》馬力（定まった計算式によって算定される馬力）の蒸気機関と三本のマストを備えていて、汽走と帆走ができた。この船も、モデルにした船と同じくディスカバリー号と命名された。

気球入江の氷壁に接岸中のディスカバリー号

隊員

準備がようやく軌道に乗ってきたところで、スコットは隊員を集める仕事に入った。スコットは、乗組員は海軍から選ぼうと考えていた。規律の感覚が身についているのは大きな利点だったし、スコットにとっては統率しやすかった。「ほかの分野の人々を扱う能力に自信がなかった」とスコットは率直に書いている。

科学隊員については、臨時に科学部門の責任者に任じられたジョージ＝マリが、研究・観測用の機器の準備と同時に、隊員の人選にも当たった。

参加隊員は全部で四六人になった（リトルトン出航時に事故死した一人を除く。また年次によって出入りがあった）。幹部隊員（士官と科学隊員）の顔触れは次のようだった（年齢は生年を零歳として計算した一九〇一年のそれである）。

スコット（ロバート）――三三歳。海軍中佐、隊長。

アーミテジ（アルバート）――三七歳。海軍予備隊大尉、副隊長兼航海長。商船士官、北極探検経験者。

ロイズ（チャールズ）――二五歳。海軍大尉、気象観測担当。

バーン（マイケル）――二四歳。海軍中尉。

シャクルトン（アーネスト）――二七歳。海軍予備隊中尉、商船士官。病気のため一年で帰国。のちに南極探検家として有名になる。

ミューロク（ジョージ）――一九歳。海軍中尉。シャクルトンと交替して二年目から参加。

スケルトン（レジナルド）――二九歳。海軍（機関）大尉、機関長。写真撮影も担当。

ケトリッツ（レジナルド）――四〇歳。首席医師。植物プランクトンの採集・研究も担当。北極探検経験者。

ホジソン（トマス）――三七歳。生物学者、プリマス博物館館長。海洋生物担当。

ウィルソン（エドワード）――二九歳。医師。動物学および記録画担当。スコットの第二次探検にも参加する。

バーナッキー（ルイス）――二五歳。物理学者、磁気観測担当。南極探検経験者。

フェラー（ハートレー）――二二歳。地質学者。


普通隊員は三五人いた。そのほとんどは海軍の準士官、下士官および水兵で、ほかに若干の民間人が含まれていた。

幹部隊員と普通隊員の区別は、イギリス社会の中産階級以上と下層階級の区別に対応していた。そして船では、一般にそうであったように、別々の居住部で生活した。第二次探検の基地の宿舎でも、荷箱を積んで仕切りをし、両者は寝食を別にしていた。ただ、一次でも二次でも食事の献立は両者同じだった。[4] 普通隊員の中には、のちにスコットの第二次南極探検の陸上隊に加わることになるエドガ＝エバンズ、ウィリアム＝ラッシリー、トマス＝クリーン、トマス＝ウィリアムソンがいた。

探検地域と目的

南極は広大な地域で、現在南極大陸と呼ばれる区域の面積は日本の面積の約三四倍もある。[5] したがって、一回の探検で南極全体を探検したり調査したりすることはまったく不可能である。

今度の探検の生みの親であるクレメンツ＝マーカムは、当時わかっていた範囲で、便宜上南極地域を四つの区域、すなわち、ビクトリア区域、ロス区域、ウェッデル区域、エンダビー区域に分け、そのうちロス区域が最も豊富な成果が期待できる区域だと考えた。

そこならば、北極地域の地理を明らかにするうえで大きな働きをしたのと同じそり旅行が可能で、地理的発見の見込みがある。また気象学の面では高緯度の一定地点における気象観測ができ、地磁気の観測では磁極に最も近いという利点があり、地質学でもその区域の海岸近くに未調査の出岳地帯がある点で興味をそそるなど、科学のどの分野でも、他の三つの区域よりも大きな成果が期待できた。

そのようなマーカムの考えがこの事業の関係者の賛同を得て、ディスカバリー号の探検はロス区域を対象とすることになった。

探検の目的に関しては、指令書がスコットに渡され、大きく二つの目的が示された。一つは、探検できる範囲の陸地の性格、状況、広がりを可能なかぎり明確にすることだった。具体的な課題としては、ロス・バリアの氷壁を東端まで調査し、氷壁の東に接して存在するに違いないとロスが信じた陸地を発見するか、または存在しないことを確認することだった。そして越冬した場合は（越冬は隊長の判断に任されていた）、地理的探検として、南ビクトリア・ランドの山岳地域の調査、南へ向かって進んでみること、および火山地帯の調査をすることが指示された。

いま一つの目的は、航海中も含めて南緯四〇度以南で地磁気の観測を実施することで、それはこの探検の重要課題とされ、その正確さと継続に全力を尽くすよう求められた。地磁気のほかに、気象学、海洋学、地質学、生物学、物理学の観測・調査も加えられた。

南極までの航海(6)(一九〇一年七月〜一九〇二年二月)

ロンドンからニュージーランドまで

スコットはこの探検の報告書である『ディスカバリー号の航海』の中で、準備段階の記述をした部分の最後に、極地の航海で最も困難な仕事はその準備にある、というナンセンの言葉を引いている。そういう困難な、そして果てしなく続く準備をともかくも終え、ディスカバリー号は一九〇一年七月三一日にロンドンを離れた。そして八月五日にワイト島のカウズ港に立ち寄り、ここで探検隊は国王および王妃の訪問を受けたあと、八月六日に、大勢の人々に見送られていよいよ本国を出発し、まずニュージーランドへ向かった。国を離れるときスコットは、あとに残って安否を気づかいながら過ごすことになる隊員たちの妻や母の気持ちを思いやっている。

八月一四日にマデイラ島に寄港し、八月三一日に赤道を越えた。船が赤道を通過するときには赤道祭が祝われるならわしがあり、ディスカバリー号でもそれに従って、赤道通過を初めて経験する者に受けさせるばか騒ぎの儀式をして楽しく赤道祭を祝った。それから、サウス・トリニダード島、ケープタウン、およびマクオリ島を経由して、一一月三〇日にニュージーランドのクライストチャーチ近くのリトルトンの港へ着いた。そして船の整備、磁気観測器の調整、物資の積み込みなどをした。

ニュージーランドから南極へ

リトルトンで最後の準備を終えた探検隊は一二月二一日にそこを出発し、二三日にリトルトンの少し南のダニーディンに立ち寄って石炭を補給したあと、二四日正午ごろ外海へ出て一路南極へ向かった。

船には船倉はもとより隊員の船室にまで荷物があふれ、荷物の隙間には二三匹の犬が荒々しく吠《ほ》え立てていた。ずっしり荷を積んだ船が南緯四〇度から五〇度の暴風帯の海をうまく乗り切れるかどうかは神慮次第で、好天を祈るばかりだった。

しかし天候に恵まれ、心配した暴風帯も打撃を受けずに無事に通過できた。一二月三一日には南緯六一度に達し、夜も明るくなってきた。一九〇二年一月二日の午後から氷山に出会うようになり、一月三日には南極圏へ入った。

流氷帯

やがて流氷が姿を現わし、ディスカバリー号は氷盤《ひょうばん》（平らで大きな浮氷）を押し分けたり、池のような開水面《かいすいめん》（流氷の中にある航行可能な水面）を利用したりして進んだ。

流氷帯には生き物があふれていた。氷の上では、好奇心いっぱいのアデリーペンギンがひょうきんな行動で隊員たちを楽しませ、また、アザラシがのんびりと昼寝をしていた。空にはさまざまな興味深い鳥たちが舞っていた。

探検隊は研究用の標本を得るためにそれらの動物を捕った。そのときは標本を傷めないようにするためと、なるべく苦痛を与えずに動物を殺すために、できるだけ正確に射撃するよう心がけた。

流氷帯では海底からの標本の採取と、海の表層の微小生物の採集も実施した。採集された微小生物を顕微鏡で見るのは大変興味深かった。長年、航海生活をしていながら、そういう生物の存在を知るのはスコットには初めてで、一〇年後、第二次探検で遭難死する寸前に書いた夫人への遺書の中で、息子には博物学に興味をもたせてほしいと希望するほどになったスコットの自然界に対する関心が、このときの航海で目覚めたのではないかと思われる(7)。

大きな氷盤の上へ出てスキーの練習もした。スキーはイギリスではもともと行なわれていなかったもので(一一六ページ参照)、この探検隊でもほとんどの隊員は生まれて初めての経験だった。

ロス海

一月八日の朝、流氷帯が終わってロス海へ入った。そして午後一〇時三〇分、いよいよ陸地が見えてきた。一同、初めての南極の陸地を見ようと甲板へ急いだ。南西はるか彼方《かなた》に南ビクトリア・ランドの高い山々が青くシルエットになって望まれた。

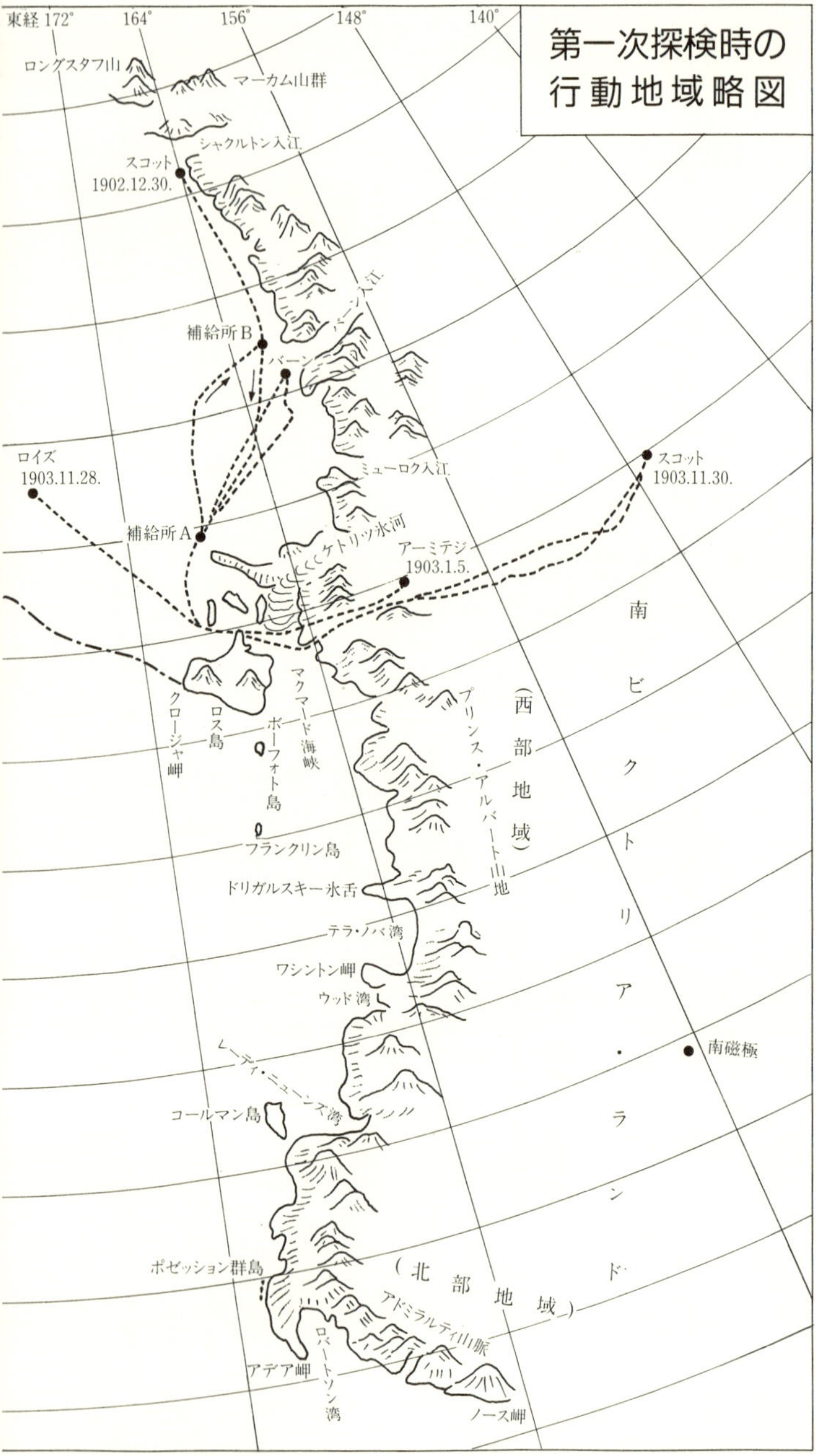

第一次探検時の行動地域略図

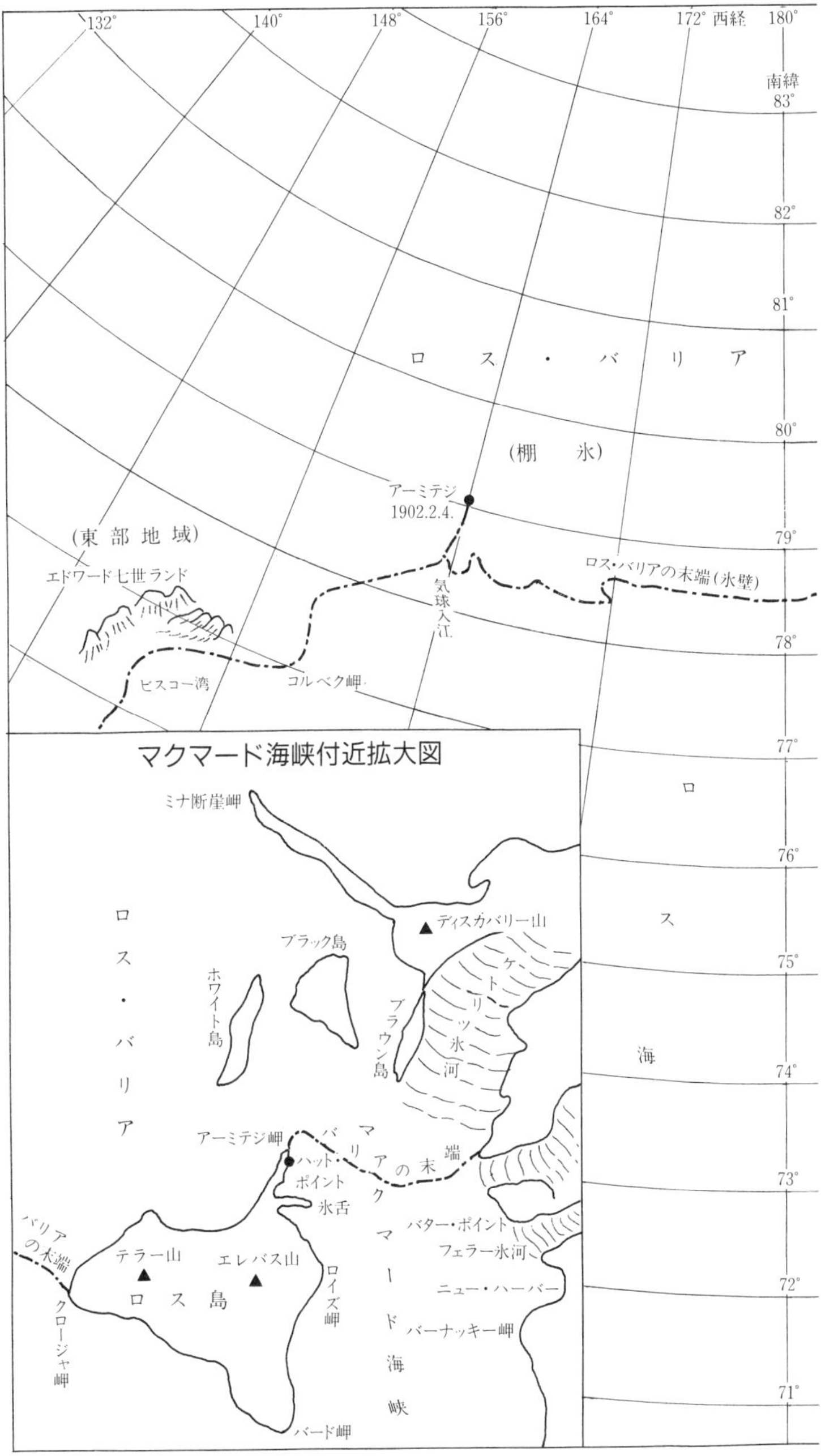

132°
140°
148°
156°
164°
172° 西経
180°
南緯
83°
82°
81°
80°
79°
78°
77°
76°
75°
74°
73°
72°
71°
ロ　ス　・　バ　リ　ア
(棚　氷)
アーミテジ
1902.2.4.
(東 部 地 域)
エドワード七世ランド
気球入江
ロス・バリアの末端(氷壁)
ビスコー湾
コルベク岬
ロ
ス
海
マクマード海峡付近拡大図
ミナ断崖岬
ディスカバリー山
ブラック島
ホワイト島
ブラウン島
ケトリッツ氷河
ロ ス ・ バ リ ア
アーミテジ岬
ハット・ポイント
氷舌
バリアの末端
マクマード海峡
バター・ポイント
フェラー氷河
ニュー・ハーバー
バーナッキー岬
バリアの末端
テラー山
エレバス山
ロ　ス　島
ロイズ岬
クロージャ岬
バード岬

海から見たロス・バリアの氷壁の一部

一行は一月九日にアデア岬へ立ち寄り、そこのサザン・クロス号探検隊の越冬小屋に訪問の記録を残した。そして磁気の観測と地質や生物の標本採集を実施したあとそこを離れ、陸地沿いに南へ進み始めた。

進みながらスコットたちは南ビクトリア・ランドの高い峰々や氷河や氷壁をむさぼるように眺めた。また、座礁した氷山に流氷が衝突し、その圧力で大氷盤同士が噛《か》み合い、せり上がっているすさまじい様子を見て、初めて流氷の恐るべき力を知った。途中、コールマン島にも標柱を立てて航海の記録を残した。

一月一九日にエレバス山が姿を現わし、間もなく頂上から上がる噴煙も見えてきた。船はマクマード湾へいくらか入ったあと引き返して針路を東へ変え、一月二二日の夕方にクロージャ岬へ着いた。ここで上陸して磁気観測をし、また標柱を立てて航海の記録を残した。スコットは標高四〇〇メートルあまりの丘へ登り、初めてロス・バリアを眺望した。

ロス・バリア

六〇年前、ジェームズ＝ロスが発見し、西から東へほぼ七〇〇キロメートルにわたってたどったこの異例の

気球に乗って上空からバリアを観察

天然現象は、以来、繰り返し議論の対象となり、わずかな資料を元にしていろいろな理論が提唱されてきた。世界に二つとないこの氷の形態をこのときスコットは史上初めて上から観察したのだった。バリアの壁面は長々と黒いリボンになって曲折しながら次第に細くなり、東の水平線に消えていた。その壁面の南には氷の大平原が果てしなく広がっていて、それは実に印象深い光景だった[8]。

一月二三日の朝、氷壁に沿って東へ航海を始めた。できるだけ氷壁に接近して航行し、詳しく観察して記録した。氷壁は鋭く曲がって入江をつくっていたり、高さが急激に変わったり、壁面の様子が違ってきたりして、さまざまな変化を見せた。氷壁の高さは、最も高いところでは約八五メートル、最も低いところ（入江内）では五～六メートルだった。

一月二九日にロスの達した最南地点よりも南、最東地点よりも東へ達した（ロスの時代よりもバリアが大きく後退していた）。そこからバリアに沿って北東、北、東へと進みながら、ロスの報告した「陸地らしきもの」を探した。それが存在するかしないかを確認するのが今度の探検の目的の一つだった。そして三〇日の夕方、ついに露岩が見えて陸地の存在が確認でき、時のイギリス国王の名にちなんでその一帯をエドワード七世ランドと命名した。

二月一日に西へ引き返し始め、二日には氷壁の間の一つの入江

トの出っ張りの先端から南東方向を見たところ）

（気球入江）[9]へ入って上陸した。ここでスコットとシャクルトンが順に一人乗り水素気球に乗って、二四〇メートルほどの高さからあたりを観察し撮影した（二月四日）。気球、空中撮影とも南極で史上最初のことである。

気球入江にいる間に、アーミテジほか五人の班が南緯七九度三分まで進んで、最南到達記録をつくった。

南極で最初の年の秋（一九〇二年二月～四月）

基地を定める

二月四日の夕方、気球入江から出て真っすぐ南ビクトリア・ランドへ向かって引き返し、二月八日の朝にマクマード湾へ入り、人跡未踏の水域を氷にさえぎられるまで南へ進んだ。そして湾の奥の一つの出っ張りのところを基地にすることに決めた。そこがハット・ポイント（ポイント＝出っ張り）と呼ばれるようになり、スコットの第二次探検でも重要な働きをすることになる。

ハット・ポイントの基地と周辺（ハット・ポイン

二月九日にスコットはスケルトンと一緒にあたりの調査に出かけた。基地のすぐ南にある岬（アーミテジ岬）を回ると、その先は海峡になっていた。そしてエレバス山とテラー山のある陸地が実は島であることが初めてわかった。こうしてその陸地がロス島と命名され、またマクマード湾もマクマード海峡と名を変えることになった。

ビンスの遭難死

三月四日にロイズの引率による一二人の一行がロス島の東端のクロージャ岬へ向かった。そこに残してきた通信を新しくするためだった。海が解氷し、アーミテジ岬を迂回《うかい》する海上の道が通れなくなっていたので、一行はハット・ポイントの背後の尾根を越え、ロス島の南側へ出てクロージャ岬のほうへ進んでいった。しかし雪が深くなってきたので、九日にロイズはスキーを持っている三人だけで進むことにし、あとの者はバーンに指揮させて船へ帰らせた。

ところが引き返した班は、途中、尾根の上で視界の悪い吹雪の中を進むうちに数人が次々に急斜面を滑り落ちた。そして中の一人ジヨージ＝ビンスが凍っていない海まで落ちたらしく、帰らぬ人となった。基地から捜索隊を出して海上と陸上から探したが見つからなかった。悲しい出来事だった。のちにハット・ポイントの丘の上に彼のために記念の十字架を立てた。

クロージャ岬へ行ったロイズたち三人は三月一九日に帰ってきた。極地の旅の経験がなく、旅は苦しかった。彼らはクロージャ岬の近くまでは行ったが、ブリザードに妨げられて通信のある標柱のところまでは行き着けなかった。

補給所づくりの旅

三月三一日にそり旅行隊が南へ向かって出発した。越冬後に実施する予定の南進旅行のための補給所をつくる旅である。旅行隊は、隊員一二人、犬一八四、そり八台で、そり四台ずつを連結した二班の編成だった。犬と人が一緒にそり引きをした。犬が思ったようによく引かなくてスコットはとまどい、がっかりした。そのため人への負担が大きくなり、そして進みが遅く、旅は失敗といってもよいほどだった。野営の作業にも慣れないので手間取った。三日かかって一七キロメートルしか進めず、また寒さも厳しいので（摂氏マイナス四〇度前後）、四月三日に、氷原に補給物資とそり四台を置いて船へ引き返した。

秋のいくつかの旅を終わってみて、スコットは極地のそり引き旅行はなまやさしいものではないことを悟った。装備や方式もうまくいかなかった。失敗の経験を生かして、長い冬の間にそれらを徹底的に改善しなければならないとスコットは考えた。

科学観測

この探検の重要な目的である科学観測も始まった。磁気観測には観測用の小屋を二つ建て、担当者のバーナッキーが勤勉に観測を続けた。地震計も設置した。

気象観測では基地のまわりの数ヵ所に観測器を設置し、幹部隊員が当番で昼夜を問わず二時間ごとに巡回して記録を取った。冬の暗がりの嵐《あらし》の中ではこれは楽な仕事ではなかった。

潮汐《ちょうせき》の観測も始めたが、極地の難しい条件に対処して満足な観測ができるようになるまでには、いろいろ試み、工夫しなければならなかった。海水の調査、海流の観測、測深、海洋生物の採集なども行なった。

四月八日の夕方、皇帝ペンギンが一群れ近くにいるのが見つかり、研究の標本を得るために数人で捕りに出た。皇帝ペンギンはまだよく知られていない鳥だったので、なるべく多く標本がほしかった。しかしペンギンは予想外に力が強く、また吹き飛ぶ雪と薄暗がりの中でもあったので捕まえるのに苦労した。お互いをペンギンと間違えてつかみかかることもあった。

標本と食糧のためにアザラシも捕った。南極の動物は人間に対して驚くほど

犬と一緒にそり引き

警戒心がなく、必要とはいえ、そういう動物を殺すのは気がとがめた、とスコットは書いている。

最初の年の越冬と春（一九〇二年四月〜一〇月）

太陽は四月二〇日に見えたのが最後となった。かつて人が越冬したところ（二七ページ参照）から七〇〇キロメートルも南で、史上最南の越冬生活が始まった。前例がないから、どんなことになるのかは想像するほかなかった。陸上に小屋を建てたが、生活は船でし、小屋は陸上で行動するときの避難用や作業場として使った。また、そこでコンサートを開いたりショーや喜劇を上演したりした。

越冬生活

日々の仕事として、普通隊員は割り当てに従って生活用水のための氷の採取やそり旅行の装備づくりなどをした。幹部隊員はそれぞれの日常の職務と科学上の観測、その他の仕事をした。スコット自身は、夏に実施するそり旅行の組織づくり、旅行班のための指令書の作成、荷物の重量の計算、文献の調査などで忙しかった。

ハット・ポイントの冬は強い風が吹くことが多かった。そのために船の煙突の先端が吹き飛ばされて居住部に煙が充満するなど、いろいろ不都合が起こった。風力発電の装置も強風で風車が壊されてあまり役立たなかった。地吹雪《じふぶき》（地上に降った雪が風で舞い上がり吹き飛ぶ現象）の激しいときは外へ出られず、また、雪が詰まって気象観測器が働かなくなったり、吹きだまりで犬小屋が埋まってしまったりした。しかし静穏で晴れた月明かりのある日には気持ちのよい散歩ができ、嵐のあとの雪や海氷《かいひょう》（海面が凍ってできる氷）の現象を観察するのが興味深かった。

冬の間、月に一回『南極タイムズ』という雑誌を出した。シャクルトンが推されて「社長兼編集長兼植字工兼印刷工兼雑用係」になって発行し、毎号見事なできばえで、みんなの大きな楽しみになった。内容は論説、前月の出来事と気象のあらまし、科学の解説、肩のこらない記事、風刺漫画、言葉遊びの詩、パズルなどだった。ウィルソンの挿し絵がとびきり素晴らしかった。

六月二三日には冬至祭を祝った。クリスマスのような飾りつけをし、陽気に祝宴をした。南極ではクリスマスの時期には探検・調査の旅に出ているので、隊員が基地にそろっている冬至（北半球では夏至）の日をクリスマスの代わりに祝ったようである。冬至祭を過ぎると、正午ごろの薄明かりが日を追って長くなってきた。

太陽の再来

やがて太陽が再来した。再来の当日は猛吹雪で太陽は見えなかったが、翌日の八月二二日はよい日和になり、丘へ登って待つうち、エレバス山の麓《ふもと》の斜面からついに四ヵ月ぶりの太陽が見えてきた。

輝く光の洪水を浴び、新しい生命、新しい力、新しい希望を吸い込んだ。周囲はふたたび日の光を受けて素晴らしい眺めになった。南の遠くの雪原の向こうには何があるのだろうか、推測もできない。早くそこの神秘を解明する希望をもって行進できる日が来てほしいと思い、待ち遠しくてじりじりしてきた。そして一同そり旅行の装備の改良・整備にいちだんと熱心に取り組んだ。

南極の地上旅行

南極ではごく短距離のものを除き、内陸へ向かって旅行が行なわれた前例がなかった。[10] したがって、そういう旅行をするためには北極探検のそり旅行に学び、北極と違う条件に対しては独自に工夫し対処していかなければならなかった。

北極探検でそり旅行が本格的に試みられるようになったのは一八四八年以降である。北西航路[11]の発見を目指して出発し、一行一三八人[12]全員が行方不明になったフランクリン探検隊（一八四五年出発）の捜索活動が行なわれたときである。そしてマクリントクのような優れた人が現われて北極でのそり旅行は長足の進歩を遂げ、六人から八人の隊員による人引きそりに六、七週間分の食糧その他を積んで、途中の補給なしに一〇〇〇キロメートルほど旅することは比較的容易にできるようになった。

ところがその後は、北極の探検旅行も下火になり、スコットが今度の探検の準備を始めたころのイギリスでは、イギリス人自身が開発した北極そり旅行の装備や方式が忘れ去られていた。

しかし幸いに、ノルウェーでナンセンが、過去の装備や方式を学んでそれらを近代化し、極地探検に出かける人に喜んで助言を与えていた。ノルウェーにはナンセンの考えに基づく装備を製造できる職人たちもいた。スコットも一九〇〇年の秋にノルウェーへ出向いてナンセンから助言を得た。そして装備のうちイギリスでつくれそうにないもの（そり、スキー、毛皮服など）はノルウェーから購入し、見本あるいは指示に従ってイギリスでつくれそうなもの（テント、衣服、炊事器具など）はイギリスでつくった。

春旅行

春の到来とともにいくつかの方面へ短期の偵察旅行が実施された。スコットも南方向を探るのと、夏の南進旅行に備えて補給所をつくるために、ほかの二人とともに犬ぞりを伴って旅に出た。九月二四日に出発して七日間行進し、ミナ断崖《だんがい》岬の南まで進んだところで、陸地の目標地点を基準にして位置を定め、補給所（のちの補給所A）を築いて船へ帰った（一〇月三日帰着）。

ロイズの率いる一班はクロージャ岬の連絡用標柱へ新しい通信を届ける旅をし、今度は目的を達することができた。クロージャ岬では皇帝ペンギンのルッカリー（集団繁殖地）が見つかり、皇帝ペンギンが南極で越冬して繁殖することがこのとき初めてわかった。子育ての様子の写真も得られた。

偵察の旅に出ていた一つの班に壊血病が発生した。スコットは大いに心配して船内の衛生状態を改善したり、食べ物を変えるなどの対策を講じ、一人を除いて間もなく回復した。この時代にはまだ壊血病の原因がわかっていなかった。ただ予防として新鮮な食物が重要だと考えられていたので、アザラシの肉を多く食べるようにした。その後クロージャ岬へ出かけていたロイズ班が全員元気で帰ってきたので、厳しいそり引き旅行が壊血病の原因ではないことがわかり、スコットはほっとした。

南進旅行（一九〇二年一一月〜一九〇三年二月）

最南記録更新　一一月二日にスコットはこの探検で最も重要な南進旅行に出発した。隊員はスコット、シャクルトン、ウィルソンの三人で、犬一九匹、そり五台の編成だった。そりは五台を連結して引いたようである。九週間分の食糧を持ち、ほかに人引きそりの支援班（一二人）が途中まで四週間分運んだ。

出発直前、ウィルソンは日記にこう書いている。

「それがどんなことか、わかる人がいるだろうか。船を離れ、仲間みんなと別れ、三人だけで三ヵ月間、この荒涼とした地域を歩いて、まったく未知の南へ入っていく。そこでは行けども行けども見えるものは氷の砂漠ばかり、そして、そりに乗せられるだけのわずかな持ち物を文字通り自分で運んでいくのだ！」

　一行はホワイト島の東を通り、春に設けた補給所（補給所Ａ）を経由してさらに南へ進んだ。一一月一三日に、天測《てんそく》（太陽の高度を観測して自分の位置を知ること）によって南緯七九度近くまで進んだことがわかり、史上最南緯度到達となって一同喜んだ。[13] スコットは支援班を含め一五人もの隊員が新記録の場に立ち会えたことをうれしく思った。ここで支援班の半数を帰らせた。

　一一月一五日に残りの支援班を帰らせ、いよいよ本隊の三人だけで南へ進み始めた。一歩一歩が大きな未知の新たな征服となると考えて希望が高まった。ところがそれまではよく引いていた犬の働きが悪くなり、行進は容易でなくなってきた。そして次の日からは、やむなくリレー方式を取ることにした。荷物を半分に分け、一定の距離を二度ずつ運搬しながら進む方式で、三倍の距離を歩くことになり、進みは当然遅くなった。したがって、高緯度へ到達できる見込みは早くも薄くなってきた。

南進旅行に出発する３人（左から、シャクルトン、スコット、ウィルソン）

　行進のときは一人が犬の御者をし、あとの二人が犬と一緒にそり引きをした。犬は御者がむちをはじきながら、大声で叱《しか》りつけ、励まし続けていないとたちまち引かなくなった。

　三人ともひどく日焼けしてきた。また鼻とくちびるが水ぶくれになり、ひび割れてはなはだしく痛かった。目も雪眼鏡をつけているのに雪目になった。空腹感も強まってきた。

未知の地域

一一月二五日に緯度の観測をすると八〇度一分まで来たことがわかった。どんな地図でも南緯八〇度以南は空白になっていた。その空白地域へ入ることができてスコットはうれしかった。一一月二一日以降、西寄りへ進んできたので陸地が次第に近くなり、それまでも西に山脈や山塊が見えていたが、一二月三日には右手に大きな山脈が見えてきた。苦しい旅だったが日ごとに興味深い光景が現われて慰めになった。

一二月一五日には、西の露岩をよく観察するためにその方向へ進んでみた。しかし氷の激しく混乱する深淵《しんえん》にぶつかって進めず、引き返した。この日、補給所Bをつくった。そして荷が軽くなったので一ヵ月ぶりにリレー方式から解放された。三倍歩かなくてよいのは実にありがたかった。

ウィルソンは三人の中でいちばん根気がよく、行進で疲れ切ったあともテントの入口に座って西の陸地の素晴らしい山々の景観をスケッチした。

一二月二二日には明るい天気で陸地がよく見えた。西の海岸が深い湾になっていくらか遠くなり、その向こうに雄大な山脈がくっきりと見えた。きっと大陸全体の背骨を形成しているのだとスコットは推測した。

一同、空腹が強まり、飢えたようになってきた。いつも食べ物のことばかり考え、話題もそうなった。一日の食糧の配給量は、旅の初めには八六〇グラムだったが、いまは約六八〇グラムに減らしていた。[14] 食事を切り詰めて一日でも長く南へ進もうとしたわけだが、そのために苦痛が大きくなり、次第に精力を使い果たしていった。

しかし一方で、三人は未知の地域へ一歩一歩深く進んでいることを認識していた。熱心に距離計を読み取り、天測の結果に期待し、南極の地図の空白に新しい線を頭の中で描き、また日々新たに見えてくる山や入江などに命名しながら進んだ。

一二月二五日には路面の状態が好転し、犬に頼らずにそり引きができた。御者も叫ぶ必要がなく、むちもあまり用がなかった。これは実に気持ちが楽だった。そして順調な行進をしてほぼ二〇キロメートル進んだ。そんなに進んだのは異例のことだった。

この日はクリスマスで、夕食はいつもの二倍も濃厚なスープをつくって祝った。シャクルトンは自分の持ち物の中から小さなプラムプディングを取り出し、模造のヒイラギを立てて飾った。スコットはパイプを楽しみながら日記をつけた。クリスマスの日は、長い飢餓のうれしい中休みだった。

一二月二八日には南緯八二度一一分まで来た。あたりは壮麗な景観で、ウィルソンは雪目の苦痛をおしてスケッチをした。スコットも景観を詳しく記述し、また測地を行なった。

このころにはほぼ力の限界まできた感じになり、一二月三一日にはついに帰途についた。到達し

最南点から見たマーカム山（標高4351メートル。ウィルソンのスケッチの一部）

た最南点は天測で南緯八二度一六分半ほどだった。

帰り旅

帰り旅では、順風のあるときはテントの床敷きを応急の帆にして風を利用して進んだ。そして日々、必要な距離はどうにか進んだ。しかし路面が悪くて、二・三キロメートルしか進めない日もあった。また、一面に灰色の壁のような天気のときには針路を決めるのに難儀し、竹ざおの先に毛糸をつけて風向きを頼りにするなどして進んだ。

一月五日（一九〇三年）には犬はまったく引かなくなり、もう妨げになるだけになったので、やがて全部を放して人だけでそり引きをした。犬はそりの脇《わき》をついてきた。犬は衰弱して死んだり、歩けなくなったものを殺したり、落後して行方不明になったりして徐々に減っていった。死んだり殺したりした犬は解体して残った犬の餌《え》にした。

一月一二日にようやく補給所Bの近くまで来た。しかし補給所は広漠とした雪原の中のごく小さい一点だった。そのうえ視界が悪いので首尾よく見つけられるかわからなかった。まさかのときは最後に残った二匹の犬に頼ることを考えた。

次の日も視界が悪く、補給所が見つからないので、食事をさらに切り詰めた。

一一時過ぎに野営して視界が好転するのを待つうち、うっすらと日が差してきたのでスコットは飛び出して天測をした。天測のあと、経緯儀の望遠鏡をなにげなく地平線のほうへ向けてぐるりと回すと、何かがちらっと見えた。望遠鏡をゆっくり戻して見直すとそれは補給所だった。大急ぎで野営を撤収して出発し、二時間後にそこへ着いた。そして濃厚なスープをつくって食べ、久しぶりに安楽感を味わった。

三人とも浮浪者のような風貌《ふうぼう》になっていた。日焼けしてすっかり黒くなり、ひげも髪も伸び放題だった。顔はしわだらけになってやつれていた。そういう顔つきとぼろぼろになった服が冗談の種になった。

壊血病

すでに一二月二〇日過ぎからシャクルトンに壊血病の兆候が見え始めていたが、一月一四日にウィルソンが定期の検診（歯茎と脚）をすると、彼の病気は進んでいた。帰途には西の陸地へ近づいて海岸線をよく観察する予定だった。しかし人命が第一だから、不急のものをすべて捨てて荷を軽くし、次の補給所へ直行することにした。そのため、やむなく最後の二匹の犬を殺した。餌を運ぶことができなくなったからだ。そして病気の対策として食事にアザラシの肉を増やした。シャクルトンには野営作業を禁止してその間休ませ、行進のときはなるべく楽に歩くようにさせた。

補給所A

一月二五日には久しぶりに晴れて視界がよくなり、スコットは陸地の測量をし、ウィルソンはスケッチをした。二六日の午後にはほかの班のそり跡が見つかり、二七日にはエレバス山、テラー山、西部山地など、目標物が次々に見えてきた。それら全体を眺めるのは素晴らしかった。

船へ帰り着く

一月二八日には補給所Aの旗が見つかり、そこの雪の山を掘ると宝物が次々に出てきた。いろいろな食品、そしてたくさんの手紙、それらはまさしくラブレターだった。よいニュースばかりのようだった。

そこからの最後の数日は幸い好天が続き路面もよかったので、三人はどうにか船へ帰り着くことができた（二月三日）。シャクルトンはもちろん、あとの二人もつぶれる寸前だった。

こうして南進旅行は終わった。旅行日数九三日、行程一五四〇キロメートルの旅となった。初めに期待したほど高緯度まで行けなかったが、船から南へ五五〇キロメートルにわたって新しく陸地と海岸線を発見し、またロス・バリア（棚氷《たなごおり》、注(8)参照）の知見を大きく増進させた。

三人は帰還後、体調の回復に長くかかった。シャクルトンはスコットの判断でやがて救援船で帰国した。ウィルソンも二週間床に就いて安静にしていなければならなかった。スコットは日中はどうにか動けたが、肉体、精神ともに正常に戻るまでには何週間もかかった。

犬の利用について

この南進旅行でスコットは犬をそり引きに利用した。それらの犬はロシア北部で集められたもので、いろいろのタイプのものがいて、そろっていなかった。彼らは初めよく引いたが、出発後二週間足らずで急速に衰え始めた。そして結局、支援班と一緒に帰らせた一匹を除き、一八匹のうち一匹も連れ帰ることができなかった。急速な衰えは、餌の干し魚が熱帯通過の際に悪くなったためではないかとスコットは推測した。

南極で史上初めての長距離旅行となったこの旅の経験を元に、スコットは極地における犬の使用についてかなり詳しく考えを書いている。それはあらまし次のようである。

「犬の使い方には二通りある。全部の犬を最後まで生かして使う方式と、生死にかかわらず最大限に利用する方式である。北極の場合、犬ぞりによる長距離の孤立した旅では、犬が生きて帰った例がない。全部の犬を最後まで生かして使える程度の長さの旅ならば、よく組織した人力だけの隊でもできるだろう。

犬を最大限に利用する方式では、犬を犬の餌にもし、その餌が自分で歩いてくれるのだから、人力だけによるそり引きは太刀打ちできない。ただ、この方式は気が進まないのを抑えて実行しなければならない。犬は賢くて個性的でかわいげがあり、人が、友だちとか仲間とかいう感情を抱くことの多い動物だ。そういう犬を殺すことを平気で考えられる人はいまい。しかし犬を犠牲にすれば達成できる大目的を、気が進まないというだけであきらめるのは感傷的だという説もうなずける。

犬の命を羊の命よりも大切に考えなければならない理由はない。羊の群れを追って旅をする人々が、少しずつ羊を殺して必要をまかないながら旅を続けることを残酷と考える人はいない。本当の残酷は、犬を酷使し、餌を十分に与えないことだ。犬ぞりの旅行者が人間らしく振る舞おうとしたら、できるだけそういうことを避けることだ。

ところが不幸にも、犬に苦痛を与えるのを避けるのは容易ではない。南進旅行で犬が次第に減っていき、最後に皆無になった経験の中で、そのことは犬を殺すことよりもわれわれの心に重くのしかかってきた。われわれは先にあげた二つの方式を組み合わせた方式を取った。衰えたものを犠牲にし、強いものが生き残れるようにした。しかし状況の厳しさのために結局一匹も残らなかった。

われわれの場合は例外的に悲しい結果になったのかもしれない。しかし、そういう非情な方式で犬を使うことに対しては抜き難い嫌悪感がわれわれに生まれた。犬がいたから、人力だけだった場合よりも遠くまで行けたことはわれわれにもわかった。しかし三人とも、二度とこういうことを繰り返そうという気にはならないだろうと思った[15]。そして翌年の旅で人力だけでそりを引いたとき、前年のような恐ろしいことをしないでよいと思うと、言葉に言えないほど気持ちが楽だった。

苦痛を与えたり死なせたりせずに犬を働かせられるというのは空言だ。問題は苦痛や死があっても、得られることが大きければそれを正当化できるかどうかだ。理論的にはできるかもしれない。

しかし必要だからといってそういう汚れた手段を取ることは、成功の栄誉を大きく減じるだろう。また、人だけで行進して、困難や危険を努力で克服し、長期間の肉体労働によって大きな未知の解明に寄与したときほどには、素晴らしい気持ちにならないだろう」

南進旅行の経験から、犬についてスコットはあらましこのように考えた。このときは、使役用の犬の扱いにまったく未熟だったために効率が悪く、また犬好きのイギリス人の感情も背景にあって、こういう結論になったとも考えられる。

アムンセンは、九年後の南極点初到達の記録の中で、イギリス人は極地域における犬の有用性について「基本的なところで何か思い違いをしたのに違いない」と書いている。[16] しかしアムンセンの場合も、その旅に連れて出発した四九匹の犬[17]のうち、連れ帰ったのは一一匹にすぎない。最も困難なアクセル・ハイベルグ氷河の行程を登り切った地点では、その後に必要な数（一八匹）だけ残して一度に二四匹を殺している。そしてアムンセンもそれを平気でしたわけではない。[18] そういう事実を見れば、右のスコットの考えも必ずしも的はずれではないだろう。長距離の極地旅行で犬を全部生かして使う方式が可能になったのは、航空機によって補給や運搬ができるようになってからのことである。[19]

西部旅行

スコットが南進旅行に出かけている間に、いくつか別の班も調査旅行を実施した。そのうち最も重要なものはアーミテジほか一一人による西部地域への旅である。

そこは南ビクトリア・ランドの一部で、ロス島から西へ、幅七〇キロメートルほどのマクマード海峡を越えた向こうにあり、高さ四〇〇〇メートルを超す峰を含む山岳地帯である（九二ページ写真参照）。

西部班の一行は一二月二日にそこを登り始め、一九〇三年一月五日に標高二七〇〇メートルあまりの高地へ達した。そうして山地の向こうが広い高原になっていることを発見した。つまりこの班は南極の氷の高原を発見し、史上初めてそこに足跡を印したのだった。彼らは一月六日に帰途につき、途中で地質標本の採集と氷河の調査をして、一月一九日に船へ帰った。

南極での二年目（一九〇三年二月～一二月）

モーニング号来航

二月三日にスコットたち三人が南進旅行から帰ったとき、基地には救援船のモーニング号が来ていた。救援船を出すことは予定されていたようである[20]。

モーニング号はアデア岬とクロージャ岬にあった通信によってディスカバリー号の行方を知り、一九〇三年一月二三日の夜、ディスカバリー号から一五、六キロメートルのところに着いた。しかし氷のためにそれ以上ははかばかしく近づけないので、二月一三日にディスカバリー号へ物資の運搬を始めた。これは二月二三日までにほぼ終わった。

モーニング号は氷に閉じ込められる危険があったので、ディスカバリー号を残して三月二日に北へ去っていった。このとき病気のシャクルトンと帰国希望の普通隊員八人が帰国した。そしてシャクルトンの代わりにモーニング号からミューロック中尉が探検隊に加わり、隊員は全部で三七人になった。

二度目の越冬

ディスカバリー号は氷に閉じ込められたままだった。そして季節も進み、もはや脱出できる見込みがなくなったので、三月一三日には再度の越冬を決心し、その準備を始めた。冬の食糧のためのアザラシとトウゾクカモメの狩りはすでに始めていた。

四月二四日から太陽が出なくなり、明るい時間が次第に短くなって、二度目の越冬生活に入った。しかし今度は経験があったので最初の冬よりは安楽に過ごすことができた。越冬中は前年同様に科学の仕事を続けた。六月二三日には二度目の冬至祭をにぎやかに祝った。

八月二一日に太陽が再来し、二度目の春を迎えて探検隊は新たな行動を開始した。まずロイズおよびウィルソンを中心とする一班がクロージャ岬へ皇帝ペンギンの調査の旅に出発した。次にスコットの率いる一班が西部地域へ出かけて補給所をつくった。バーンの率いる一班もホワイト島の先に補給所をつくる旅をした。春の旅ではどの班も厳しい低温に見舞われた。

二度目の西部旅行(21)

前年の夏にアーミテジの率いる班が初めて西部地域を踏査し、南極の高原を発見した。そのときの記録と写真と略地図を見てスコットは西部が特別興味深い地域であると感じ、再度調査をする価値があると考えていたので、この年の夏に自分でそれを実施した。

一九〇三年一〇月一二日に、隊員六人でそり二台を引いて出発した。ほかに三人の地質班と三人の支援班が途中まで同行した。しかしこの最初の出発ではそりの滑走面の金属被覆が破損したため、いったん船へ引き返して修理をし、二六日にあらためて出発した。今度は支援班の三人は同行しなかった。

引き返したところまで戻ってみると、そこに置いてあった荷物の一部が風で吹き飛ばされてなくなっていた。なかで最も重大だったのは、太陽の高度を観測して自分の位置を知るときに必要な計算表がなくなっていたことだ。太陽の観測だけでは正確な位置がわからなかった。しかしスコットはそのまま進むことにした。

一一月一三日に二七〇〇メートルの高度へ達した。周囲は広大な雪原で、ぐるりと平らな地平線が見え、その先に東から北東へかけてと南東に、山々の頂がのぞいていた。

そこから高原をさらに西へ進んだ。標高が高いため低温で、また空気が薄く、平地での春の旅に劣らないほど条件が厳しかった。しかし前途には未知が広がっていた。未知、「その言葉には何と魅力があることか！」とスコットは書いている。

一一月二二日に六人のうち三人を帰らせ、残る三人（スコット、ラッシリー、エバンズ）で前進を続けた。そして一行は史上初めて南磁極の南を通り、磁石の針が南北逆になるのを経験した。

寒風に苦しめられ、頬《ほお》にも鼻にも深いひび割れができ、笑うと痛みが走るので冗談も言えなくなった。手の指もひどい状態になった。しかし三人とも元気で、壊血病の気配はなかった。

ひょっとすると南ビクトリア・ランドの西側に海が見えるかもしれないと思いながら西へ進み続けたが、見えるものはいつまでも同じ雪原の広がりばかりだった。雪原には起伏や高いサスツルギ（二一七ページ写真参照）があって、見える範囲は限られていたが、草木はもとより岩さえもない恐ろしい雪の荒野がどこまでも広がっているに違いなかった。いつとも知れぬ太古からこうだったのだろう。そこへ人間というちっぽけな虫けらが這《は》い進んできてまた這い戻ろうとしているのだ。沈黙した吹きさらしのすさまじい広漠さがそういうことを人に考えさせた。

仲間の二人はいつも陽気だった。そして彼らとともに行動して、スコットは海軍の下級軍人の実状について普通では得られないほどいろいろと知ることができた。

予定通り一一月三〇日まで西進し、一二月一日に帰途についた。到達最西地点は、帰還後の計算によると東経一四六度三三分だった。

帰りの旅も楽ではなかった。悪路面のために進みが遅いので、行進時間を延長したり燃料の石油を節約して長持ちさせたりしなければならなかった。また、一度はそりと一緒に急坂を一〇〇メートルほど転げ落ちた。クレバスへ落ち込んで宙吊《づ》りになることもあった。クレバスへ落ちるのは、多くは雪が覆っていて割れ目が見えないからだった。しかし体が引き綱でそりにつながっていたので、割れ目の底まで落ちてしまうことはなかった。そして一行は、幸いけがもせずに、一二月二四日に船へ帰り着いた。この旅は、期間五九日、行程約一一六〇キロメートルとなった。厳しい旅だった。

この旅の帰途、補給所の一つで食糧を得たとき、一日を費やして近辺の調査をした。そして氷雪に覆われた南極ではきわめて特異な、広大な無氷雪地帯（ドライバレー）を発見した。

ほかの旅行班の行動

スコットに同行して途中から引き返した三人（スケルトン班）は、帰途に氷河のよい写真を撮った。また途中まで同行した地質班（フェラー班）は氷河の両岸の岩石を調査し、標本を採集した。

バーンとミューロックを主とする一班は南方面へ調査旅行をした（旅行期間六八日）。彼らは、前年スコットたち南進班が見つけた大きな入江（バーン入江）の手前までの、海岸線や多くの峰の位置と標高を正確に測定した。また重要な発見として、前年の補給所Aの位置が一三ヵ月半の間に五五六メートル移動していることを確認し、それによってバリア（棚氷）の流動の明らかな証拠を得ることができた。

ウィルソンは二人の隊員を連れてふたたびクロージャ岬へ出かけ、そこに二週間滞在して皇帝ペンギンの生態を調査し、また地質調査と標本の採集、大氷脈《ひょうみゃく》（氷脈＝氷がまわりからの圧力によって砕けてせり上がり、山脈状になったもの）の観察、気象観測なども実施した。

ロイズの率いる一班は基地から南東方向へ、東経一七六度、南緯七九度三三分のあたりまで旅をして、バリアの広がりと状態を調査し、同時に旅のあいだ磁気の連続観測をした（旅行期間三〇日）。

スコット班の帰着で南極での調査旅行はすべて終わった。運命によって余分に一年機会を与えられ、懸命な努力で初年の調査を補うことができてスコットは満足した。

帰　国

ふたたび救援船来航

スコットたちが西部旅行から帰ったとき、基地では帰国の航海のために海氷を切り開く作業を続けていた。しかしディスカバリー号から開けた水域までは厚さ二メートルあまりの氷が三二キロメートルも張り詰めていて、そこをのこぎりで切り開

のこぎりで海氷を切り開く
（ウィルソンのスケッチ）

くことはとうてい無理だった。そのためスコットは作業を中止させた。

一九〇四年一月五日にふたたび救援船がやってきた。しかし今度は救援船が二隻も来たのでスコットは驚き怪しんだ。二隻来た理由は次のようだった。前年モーニング号が持ち帰ったスコットの報告に（特に壊血病発生の点に）事業主の委員会が不安を抱いた。またスコットの希望に応じてモーニング号を再度派遣する資金はなく、募金をする時間的余裕もなかった。そのため委員会はやむなく政府に助けを求めた。政府はモーニング号を譲り渡すことを条件に救援活動を引き受けた。そして確実を期すために大型の補鯨船テラ・ノバ号を加えたのだった。

救援船は探検隊に重大な命令をもたらした。ディスカバリー号が氷から解放されない場合は探検隊はディスカバリー号を捨てて帰国すべし、というのだった。スコットは驚き落胆した。普通の場合でも船を捨てることは船乗りにとっては忍び難いことだった。ディスカバリー号の場合は船は探検隊にとって、南極の厳しい生活で慰安を与えてくれたわが家だった。愛着はことのほか強かった。その船を捨てて帰国するなど、つゆほども考えたことがなかった。

ディスカバリー号の解放　そういう苦しい状況の中、解氷のきざしの見えない日々が続いて基地は沈鬱《ちんうつ》な気分に包まれた。そして一月一五日にはついに意を決して標本と観測器を救援船へ運ぶ作業を始めた。

その後、少しずつ解氷があって開けた水面が近づいてきたが、一方、太陽が次第に低くなり、気温も下がって、解氷の季節も残り少なくなってきた。二月五日から一二日まで氷の爆破を試みた。しかし実質的な効果はなかった。

ところが二月一四日のことだった。正餐《せいさん》をとっていると、「船がやってきます！」という叫び声がした。人々は食事をそっちのけにして海岸の出っ張りへ走った。そこではめざましい光景が展開していた。思いもよらない速さで海峡が向こうまで解氷しているのだ。強力な爆薬をふんだんに使って爆破を試みても微々たる効果しかなかった大氷原が、何の努力もしないのに、まるで薄紙のように裂けて流出していく。これほど印象深い光景は見たことがなかった。

救援の二船は、流出する氷盤を押しのけたり、それらの間を縫ったりして近づき、首尾よくディスカバリー号のそばに停泊した。そして一同喜びに高揚して一夜を過ごした。

ディスカバリー号もやがて氷から解放されて動けるようになったが、そのあと激しい潮流に流されて座礁し、一時深刻な状態になった。しかし奇跡的に離礁することができ、二月一八日には、一同、名残を惜しみながら、二年間活動した土地に別れを告げた。

解氷直後のマクマード海峡をハット・ポイントに近づいてくる救援の2船

探検隊は、探検計画の残る最後の仕事である海上からのノース岬地域の調査をするべく、アデア岬を回って西へ進んだ。しかし石炭不足のため早めに調査を切り上げ、三月五日に南極圏限界線を北へ横切って南極を離れた。

一行はニュージーランドへ立ち寄ってしばらく滞在したあと、マゼラン海峡経由で本国へ向かった。そして一九〇四年九月一〇日にイングランド南岸の停泊地スピットヘッドに入港し、待ちわびた人々に迎えられた。出発してから三年一ヵ月ぶりだった。

ディスカバリー号探検隊の帰国[22]は広くイギリス国民から歓迎され、スコットは新しいヒーローとなった。イギリスの代表的な新聞『タイムズ』もこの探検について詳しく報じ、また社説でも取り上げて次のように評価を下した。

「スコット中佐の率いた探検隊は、南北を通じて極地域の探検で最も大きな成功を収めた隊の一つとなった」

帰国後のスコット

帰国するとスコットは大佐に昇進し、同時に国王はじめ国の内外から種々の栄誉を贈られた。そしてスコットは海軍本部（海軍省）から休暇を認められて探検の報告書の執筆に当たり、それは『ディスカバリー号の航海』と題する二巻になって一九〇五年に刊行された。またスコットは王立地理協会や主要都市からの求めに応じて講演も行なった。

報告書執筆のための休暇のあと、スコットは軍務に復帰し、海軍本部勤務ののち、一九〇六年から一九〇九年までビクトリアス号その他の軍艦の艦長を務めた。

この間の一九〇八年九月に、スコットはカスリーン＝ブルースと結婚した。スコットは四〇歳、カスリーン＝ブルースは三〇歳だった。二人の結婚は、ある昼食会で知り合ったのがきっかけで、スコットの強い希望で実現した。スコット夫人になったカスリーンは、大聖堂で有名なイングランド北部の都市ヨーク市の出身で、五年間パリで勉強した経歴をもつ新進の彫刻家だった。二人の間には一九〇九年九月に子息（のちのピーター＝スコット卿《きょう》、注(7)参照）が生まれた。

第三章　テラ・ノバ号の南極探検——第二次探検（一）

出発まで(1)

南極への思い

スコットは軍務に復帰し、与えられた任務を遂行していたが、一方で海軍という大きな機構の中の、重要ではあるけれども一つの歯車になっている自分の存在にあきたりないものを感じていた。

三年間の探検中は、王立地理協会と王立協会とによる委員会の指揮下にあったとはいえ、隊長として自由に腕を振るうことができた。そして南極探検が魅力に満ちた事業であることを体験によって実感した。そういうことからスコットは、進むべき道を求めて心が次第に南極へ向かっていった。南極点初到達の栄誉を勝ち取り、第一次探検で得た名声をいちだんと強固にし、同時に海軍での昇進と社会的地位の向上を図ろうとする気持ちも当然あっただろう（一八ページ参照）。

一九〇七年の終わりごろには、スコットは二度目の南極探検の計画に取りかかっていた。そして一人の貴族が提供してくれた資金によって雪上車の準備を始め、休暇を利用してアルプスのロタレ峠やイギリス国内やノルウェーで試験をしながら改良を加えていった。

　スコットが雪上車の使用を考えたのは、第一次探検の経験から、南極点まで往復する長距離の旅では犬も人力も十分でないと考えたからであろう。また、チェリー＝ガラードによると、動物を使うとどうしてもそれらを苦しめることになるので、それを避けたかったからに違いない、という[2]。

　このときの雪上車は、原理的には現在の雪上車と同じようにキャタピラを用いた牽引《けんいん》車で、その牽引力によってそりを引くものだった。キャタピラを備えた車は当時はまだ実用化されていなかった[3]。そしてこれを極地の探検に使う試みも初めてだった[4]。

スコットの雪上車

　この間に、スコットの第一次探検の隊員だったアーネスト＝シャクルトンが新たに探検隊を組織し、南極点到達を目標として一九〇七年七月にニムロド号でロンドンを出発した。シャクルトンは極点へは到達できなかったが、一九〇九年一月九日に南緯八八度二三分まで達し、またエジワス＝デービッドの率いる別働隊が南磁極へ到達するという成果をあげた[5]。
　二十世紀初めの世界では、国家間の対立・競争が強まり、ナショナリズムの気風が高まっていた。シャクルトンが南極点へあと一八〇キロメートルまで迫ったことで、北極点と同じく南極点への初到達も、愛国心を発揮し国威を宣揚する行動として強く意識されるようになった。日本の白瀬中尉の南極探検もそういう一面を持っていたと言えるだろう。[6]

一九〇九年三月にスコットは海軍本部勤務となり、ロンドン市内の自宅からそこへ通勤するようになった。毎日、役所での仕事を終えて帰宅すると、夜の時間を使って第二次南極探検の計画と準備を進めた。そうして一九〇九年九月に計画を公表し、支援要請活動を始めた。

計画

第二次探検の目的は基本的には第一次探検の継続だった。地理的探検の範囲を極点まで拡大し、科学の分野でも第一次探検の成果を踏まえて観測・調査を発展させることだった。

一九〇九年一二月にスコットは海軍本部の職務を辞任し、半額給与の身分になって募金活動を始めた。副隊長に決まったエバンズ大尉も募金を手伝った。募金は容易ではなかった。第一次のときと違い第二次探検はスコットの個人事業だったから、資金の問題はスコットにとって重い負担となった。

必要な資金は四万ポンドと見積もられた。[7] 一九一〇年の春には募金額が一万ポンドに達し、また幸いに政府から二万ポンドの援助が得られることになって、ようやく資金のめどがついた。

隊の編成(8)　一九一〇年六月からスコットは満額給与に戻され、特別勤務として探検隊を指揮することを認められた。そして八〇〇〇人近い志願者から隊員が選ばれ、六五人の参加者が決まった。

陸上（越冬）隊員と主要船上隊員の顔触れは次のようだった（年齢はわかったものだけ。生年を零歳として計算した一九一〇年のもの）。

・陸上本隊・幹部隊員（科学隊員を含む）

スコット（ロバート）――四二歳。海軍大佐、隊長。

エバンズ（エドワード）――二九歳。海軍大尉、副隊長。スコットの第一次探検のとき、救援船の隊員だった。

バワズ（ヘンリー）――二七歳。イギリス海軍インド海兵隊大尉、補給物資担当。

オーツ（ロレンス）――三〇歳。陸軍重騎兵連隊大尉、馬担当。

アトキンソン（エドワード）――二八歳。海軍軍医。寄生虫学および細菌学も担当。

ウィルソン（エドワード）――三八歳。科学班責任者、医師、動物学者。スコットの第一次探検にも参加した人で、第二次探検ではビルあるいはビルおじさんと呼ばれてすべての隊員から頼りにされ、隊のまとめ役としてなくてはならない存在だった。この人を「博士」とするのは誤りで「Dr. Wilson」はウィルソン医師ということである。

シンプソン（ジョージ）――三二歳。気象学者。

テーラー（グリフィス）――三〇歳。地質学者。

デベナム（フランク）――二七歳。地質学者。

ライト（チャールズ）――二三歳。物理学者。

ネルソン（エドワード）――二七歳。生物学者、無脊椎《むせきつい》動物および潮汐《ちょうせき》担当。

ポンティング（ハーバート）――四〇歳。写真家。この探検より前に日本へ来て各地を旅行し、大冊の写真入り旅行記を出している。

ミアズ（セシル）――三三歳。犬責任者。

デイ（バーナード）――二六歳。発動機技師、雪上車担当。シャクルトンのニムロド号南極探検で自動車を担当した。

チェリー－ガラード（アプスリー）――二四歳。動物学助手（ウィルソンの助手）の資格で参加し、のちに有名な『世界最悪の旅』を書いた。この人を「動物学者」とするのは誤りである。

グラン（トリグベ）――二一歳。ノルウェー海軍中尉、スキー専門家。
・陸上本隊・普通隊員
ラッシリー（ウィリアム）――四三歳。海軍一等機関兵曹。スコットの第一次探検の隊員だった。

アーチャー（ウォルター）――元海軍司厨長《しちゅうちょう》（給仕長）。二年目に船上隊から陸上隊へ移った。

クリソルド（トマス）――二四歳。元海軍主厨《しゅちゅう》（コック長）。

エバンズ（エドガ）――三四歳。海軍兵曹。スコットの第一次探検の隊員だった。

フォード（ロバート）――三三歳。海軍兵曹。

クリーン（トマス）――三四歳。海軍兵曹。スコットの第一次探検の隊員だった。

ウィリアムソン（トマス）――三三歳。海軍兵曹。二年目に船上隊から陸上隊へ移った。スコットの第一次探検の隊員だった。

コヘイン（パトリク）――三一歳。海軍兵曹。

フーパー（フレデリク）――一九歳。元海軍司厨員（給仕）。

アントン（アントン＝オメルチェンコ）――二七歳。馬係、ロシア人。

ドミートリ（ドミートリ＝ゲロフ）――二二歳（？）。犬係、ロシア人。
・陸上隊・別働隊（初め東部隊、のちに北部隊）
キャンベル（ビクター）――三五歳。海軍大尉（非常時要員）、別働隊隊長。

レビク（マリー）――三三歳。海軍軍医。写真撮影も担当。

プリーストリ（レーモンド）――二四歳。地質学者。シャクルトンのニムロド号南極探検の陸上隊員だった。

アボット（ジョージ）――三〇歳。海軍兵曹。

ブラウニング（フランク）――二八歳。海軍二等兵曹。

ディカソン（ハリー）――二五歳。海軍上等水兵。

・船上隊（主要隊員のみ）

ペネル（ハリー）――二八歳。海軍大尉、船上隊指揮者。

レニク（ヘンリー）――二九歳。海軍大尉、水路測量担当。

ブルース（ウィルフレッド）――三六歳。海軍予備隊大尉。スコット夫人の兄。

ドレーク（フランシス）――海軍（退役）主計官補、探検隊事務長。気象観測も担当。

リリー（デニス）――二六歳。海洋生物担当。

デニストン（ジェームズ）――ラバ担当。

チータム（アルフレッド）――海軍予備隊掌帆長《しょうはんちょう》（水夫長）。スコットの第一次探検のとき、救援船の隊員だった。またシャクルトンのニムロド号南極探検の船上隊員だった。

ウィリアムズ（ウィリアム）――海軍機関長。

南極までの航海（一九一〇年六月～一九一一年一月）

出　発(9)　ようやく準備が整い、探検隊は一九一〇年六月一日に、副隊長のエバンズ大尉が指揮してロンドンを出発した。用船のテラ・ノバ号はスコットの第一次探検のとき、二度目の救援船としてモーニング号とともに南極へ探検隊を迎えにいった船である。全長五七メートル、総トン数七六四トンの木造三本マストの帆船で、公称一四〇馬力の蒸気機関を備えていて汽走もできた。もと捕鯨船だった船で、このたびは当時の所有者からスコットが購入し、主としてエバンズ大尉の指揮で再整備された(10)。

船はカーディフに立ち寄り、そこを六月一五日に出航して最終的にイギリスを離れた。スコットはロンドンにしばらく残って新聞社との契約などの業務に当たり、そのあと定期船で先回りをして（テラ・ノバ号は船脚が遅かった）南アフリカへ行き、そこでも募金活動を行なった。そしてテラ・ノバ号が南アフリカのケープタウンへ寄港したとき乗船してオーストラリアへ向かった。

アムンセンの電報(11)　一〇月一二日にオーストラリアのメルボルンに着くと、驚いたことに、スコットにあててアムンセンから電報が届いていた。それは「フラム号が南極へ向かっていることをお知らせします。アムンセン」というものだった。[12]

スコットはそういう電報が来たことの意味が理解できなかったようで[13]、隊員の中のノルウェー人グランに相談した。相談の結果、スコットはナンセンに質問の電報を打った。ナンセンからの返事は「不明」の一語だった。またロンドンからの電報は、アムンセンがロス海地域へ向かっているのではないかと思われる、という推測を伝えただけだった。

アムンセンからの電報のことはウィルソンの日記にもライトの日記にも書かれていない。おそらく、事情が不明なのでスコットは隊員に知らせなかったのであろう。

事情がわからなかったのは、アムンセンが北極探検の計画を発表していたからである。ところがアメリカのフレデリク＝クックとロバート＝ピアリーの北極点到達の報が相次いで伝わると[14]、アムンセンは目標を南極点に切り替え、それを極秘にして準備を進め、国を出発したあと、航海の途中の唯一の寄港地マデイラ島を離れてから、兄を通じて初めて南極行きを公表したのだった[15]。

アムンセンは、海上からだけではあったが、すでに南極探検の経験があり、また一九〇三年から五年にかけてわずか四七トンの漁船で北西航路の初通過に成功し、非凡な極地探検家として知られていたから、その南極探検への突然の参入はスコットにとって小さからぬ衝撃だっただろう。

テラ・ノバ号は一〇月一七日にメルボルンを出発してニュージーランドへ向かい、二八日にニュージーランドのリトルトンへ到着した。スコット自身は定期船でニュージーランドへ渡った。ニュージーランドでは、アムンセンも南極点を目指していることが伝わっていて、隊員たちもそれを知るようになった。[16]

南極へ向かう

探検隊はリトルトンに約一ヵ月滞在して最終的に準備を整えた。そうして一九一〇年一一月二六日に、大勢の人々に見送られてリトルトンを出発し、ダニーディンへ立ち寄ったあと、一一月二九日の午後、いよいよ南極へ向かった。

船には荷物が通常の限度を超えて積み込まれていた。またリトルトンからは三三匹のそり用の犬と一九頭の小型の馬も乗っていた。[17] スコットが馬を使うことにしたのはシャクルトンにならったのである。ちなみに、これらの犬と馬は海路ウラジオストックから運ばれ、そのうち神戸までは日本の船が運んだ。

テラ・ノバ号は波しぶきをかぶり、大きく揺れながら南へ進み、やがて、吠《ほ》える四〇度とか金切り声をあげる五〇度とかいわれる暴風帯へ入って、一二月一日の夕方から海は大時化《しけ》となった。逆巻く怒濤《どとう》の中で船はのたうち、襲いかかる大波によって甲板は廃墟《はいきょ》のようになった。そして大量の水が船に流れ込むのに、排水ポンプが詰まって働かなくなり、深刻な事態となって一時は探検もこれまでかと思われた。窮余の策として幹部隊員がバケツの手渡しによる排水を二時間交替で一昼夜続けた。一二月二日の夕方から、幸いにも風が衰え始め、三日の早朝には排水ポンプも働くようになって危機は去った。

暴風帯から脱出後しばらくして、南緯六二度あたりで最初の氷山が見えた（一二月七日）。そして夜も明るくなってきた。船のまわりの空には南の海鳥が飛び交い、海にはイルカや大きな鯨がしばしば見られた。航海中は見かけた動物を丹念に観察日誌に記録した。

流氷帯

一二月九日に流氷の中へ入った。第一次探検のときには五、六日で流氷帯を通り抜けたが、今度は通過に三週間もかかった。氷盤《ひょうばん》と氷盤の間の水面（開水面）をたどったり、後退しては突進するのを繰り返して氷盤を割ったりしながら、のろのろと進んだ。密集した流氷に行手をさえぎられて停滞させられることも少なくなかった。そういうときは、南極への到着が遅れて予定の活動ができなくなる心配と、石炭が不足する心配のためにスコットはいらいらした。

しかし流氷の中でのスコットの日々の記録は、変化してやまない南極の流氷を鮮明に描き出している。スコットの日記の中の「流氷の中で」の一章(18)は、南極の流氷を人間とのかかわりにおいて描写したものとして、まさに流氷の文学と言ってよいだろう。

流氷の中では、アザラシや鯨やペンギンが見られた。また船が氷盤を押し上げると、一緒に魚が投げ出されたり、割れて沈む氷塊の上にオキアミがさっと流れたりした。船が止まっているときには測深その他の海洋調査や海洋生物の採集などを実施した。大きな氷盤の上へ出てスキーの練習も

流氷の中のテラ・ノバ号

した。

一二月二五日にはクリスマスを祝った。停滞で忍耐を強いられ、前途も明るくなかったが、夜には陽気な晩餐《ばんさん》会をし、晩餐のあとは食卓のまわりで午前一時までみんなで歌を歌って楽しんだ。

ロス海

一二月三〇日に南緯七二度あたりでようやく流氷から脱出した。「生き返った思いだ」とスコットは書いた。無氷のロス海へ入って船はふたたび波に揺られながら南へ進んだ。そして三一日の夜一〇時、雲が切れた西のはるか遠くに、澄み切った大気を通して南ビクトリア・ランドの雄大な山々が見えてきた。

年が変わって一九一一年一月三日に、ロス島の東端のクロージャ岬へ近づいた。初めの計画ではそこに基地を置くことになっていた。しかし波の静かな上陸地が見つからず、それは実現不可能とわかった。そこは基地として有利な条件がそろっていたので、スコットたちは残念がった。

基地の決定

クロージャ岬基地案を断念して、船は第一次探検当時に親しんだマクマード海峡へ入った。海峡では氷舌《ひょうぜつ》（氷河の末端部が舌状に長く海に突き出ているもの）のあたりから先はまだ氷があって、第一次探検の基地ハット・ポイントまで進めないので、氷舌の少し手前の、一つの出っ張りのところを基地にすることに決めた。そして副隊長の名を記念してそこをエバンズ岬と命名し、岬の先の定着氷《ていちゃくひょう》（海岸に接して陸続きになっている海氷）に船を着けて早速荷揚げを開始した（一月四日）。船から荷物を下ろし、それを人引きそり、犬ぞり、雪上車の引くそり、馬そりなどで定着氷の上を陸地の基地予定地まで運んだ。

荷揚げ

その作業が順調に進んでいる最中の一月八日に大きな事故が起こった。三台の雪上車のうち残っていた最後の一台を船から下ろし、基地へ引いていく途中で、それが氷のもろいところへはまり込み、結局、海に沈んでしまったのだ。スコットは大変がっかりした。

「あれほど時間と労力を注いだ雪上車の、よい方の二台のうちの一台が、いまは海の底だと知るのは大打撃だ」

翌日、氷の安全なところを探して船をそこへ移動させ、荷揚げと運搬作業を再開した。荷揚げと

マクマード海峡から見たエレバス山（3794m）

同時に宿舎の建設も始めた。また氷の斜面を掘って食糧貯蔵庫と磁気観測室をつくった。

宿舎の完成

一月一七日に宿舎ができ上がって入居した。スコットは宿舎とまわりの様子について家郷へこう便りを書いた。

「『小屋』（hut）という言葉は誤解を招く恐れがあります。私たちの住居は実は相当大きい家屋で、どの点から見てもこれまで極地で建てられたことのないような立派なものなのです。長さ五〇フィート（一五・二メートル）、幅二五フィート（七・六メートル）、そして軒までの高さが九フィート（二・七メートル）あります。

私たちの家が黒い砂地の長く広がる中のこの小丘の麓《ふもと》に抱かれ、そして何トンもの物資の荷箱がその前にきちんといくつかにまとまって並び、下には海が氷脚《ひょうきゃく》（海沿いにできた土手状の氷）にひたひたと寄せている。そういう情景を想像してもらえば私たちのすぐまわりの様子がほぼつかめるでしょう。もっと広い周囲については、その美しさを描こうとしても満足のゆく賛辞が見つかりそうにありません。

エバンズ岬はエレバス山の多くの山脚《さんきゃく》（出っ張った山すそ）の一つで、山に最も近いものです。

したがって、雄大な雪の峰は頂から煙を吐きながらいつも私たちのすぐ上にそびえています。私たちの北と南は深く入り込んだ入江になっていて、その向こうに大氷河がこきざみに波打ちながら斜面下部を下り、高い青壁の鼻先を海に突き出しています。

私たちの前には青い海があって、散在する氷山と氷盤が点々と光っており、一方、海峡の向こうには、はるかに遠いにもかかわらず近々と、くっきり壮大に、美しい西部山地がそびえ、数多《あまた》の高峰、深い氷河の谷々、削《そ》ぎ落としたような急斜面などを備えていて、山岳の景観としてざらにない眺めを見せています」

補給所づくりの旅（一九一一年一月〜三月）

第二次探検の目的の一つは科学上の観測・調査であったが、スコット自身にとっては南極点到達が同胞に約束した大目的だった。

補給所

エバンズ岬の基地から極点までは直線距離でも一三七〇キロメートルあまりあって、そこを往復するのに必要な食糧その他旅行用の物資を、最初からすべて運びながら旅をするのは困難である。そのため前もってある程度先まで物資を運んで補給所をつくっておかなければならなかった。

補給所づくりの旅は一月二四日に始めた。旅行隊の構成は、隊員一二人[19]、馬八頭、犬二六匹（ウ

海氷流出後のエバンズ岬の基地

ィルソンの日記では二四匹）で、荷物は隊員の食糧、馬と犬の飼料、燃料の灯油などだった。それらの荷物は基地の少し南にある氷舌まで船に運んでもらい、そこからそりに積んで海氷上を馬と犬に引かせて南へ進んだ。

二五日と二六日に残りの荷物を取りに船へ戻り、二六日には船上隊の人々およびキャンベルの率いる別働隊（東部隊、のちに北部隊）の人々と別れの挨拶《あいさつ》を交わした。

それからふたたび南へ向かい、アーミテジ岬を過ぎたところから東南東へ進んでバリア（棚氷《たなごおり》）へ上がった。そしてバリアが割れて流出する心配のない地点まで入ったところに野営地（安全野営地）を定め、補給所をつくった。

隊は野営を重ねながら進んだ。スコットにとって初めて使う馬はときどき柔らかい雪に沈んでもがき、引き上げるのに苦労することもあったが、よく働いた。犬も狂暴になるときもあったが、よく引いていた。

安全野営地から先も南ではなく東南東へ向かって進んだ。それは南にあるホワイト島の付近がクレバスが多くて危険なので、それを避けるためだった。そして二月四日に到達した地点（コーナー野営地・補給所）から針路を南へ変えた。

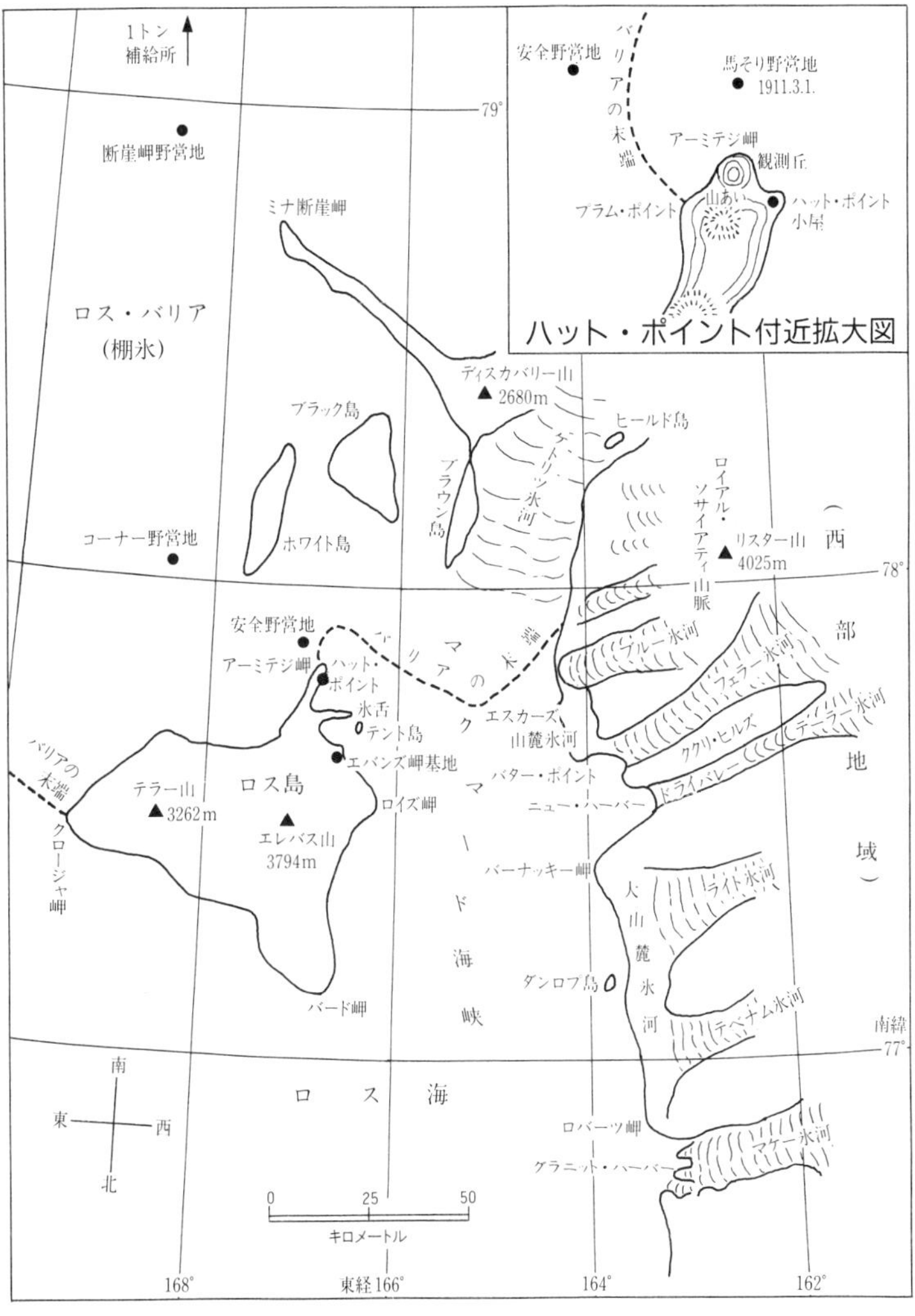

第二次探検時のマクマード海峡付近略図

ここでブリザードになり、二日あまり停滞した。そして馬がブリザードで衰弱し、働きが悪くなってきたので荷を軽くした。馬は越冬後の極点旅行でも使わなければならないので、スコットは失うのを恐れていた。

二月一二日に、ミナ断崖《だんがい》岬より少し先の、南緯七九度の近くに断崖岬野営地（補給所）を定めた。ここで三頭の弱い馬をそれぞれの御者（エバンズ大尉、フォード、コヘイン）と一緒に先に帰らせた。

やがてほかの馬も次第に疲れ、体調が悪くなってきた。そのため予定の南緯八〇度までは行けず、二月一七日に南緯七九度二八分半へ達したところで拠点補給所をつくり、そこから引き返すことにした。そこに貯蔵した補給物資の重量が一トンあまりだったので、そこを一トン補給所あるいは一トン野営地と呼ぶようになった。

キャンベルの手紙

帰り旅ではスコットはほかの三人とともに犬ぞりで先行し、二月二二日にハット・ポイントまで帰り、また逆戻りして安全野営地へ行った。そこで東部隊の隊長キャンベルからの手紙をアトキンソンから受け取った（一七五ページ参照）。それにはアムンセンが鯨湾に基地をつくった様子が書いてあった。そのときのスコットの反応を日記に見よう。

「今日一日のどの出来事も、アトキンソンがくれた郵便袋の驚くべき内容の前には影が薄れる——キャンベルからの手紙で、行動の報告と、アムンセンが鯨湾に基地をつくったのを発見したという知らせだ。

彼（アムンセン）のこれまでの行動は多分に意図的だった。それを正当化できるのは成功だけだ。行為が当方の作法にかなっていないからとて、必ずしも非難するに当たらないから、私としては公式の場でうっかり自分の考えを述べるなど決してしてはなるまい。

ひとつだけ私の心にきっぱり定まったことがある。われわれとして賢明でもあり正しくもある道は、こういうことが起きなかった場合と寸分違えずに仕事を進めるということだ。不安に駆られたりうろたえたりせず、国の名誉をかけて前進し全力を尽くすことだ。

アムンセンの計画がわれわれの計画に対して重大な脅威であるのは疑う余地がない。彼の方が六〇（地理）マイル（一一一キロメートル）極点へ近い――そんなに多数の犬を無事に氷域まで連れてこられたとは夢にも思わなかった。犬ぞりを走らせる彼の計画は卓越しているように思われる。しかし、それよりも何よりも、彼は早めに旅を始めることができる――馬では不可能な条件だ」

アムンセンが南極点を目指していることはスコットも隊員たちもすでに知っていた。しかしノルウェー隊の上陸地点その他具体的な状況は何もわかっていなかった[20]。それがいまキャンベルの手紙で初めてわかり、その脅威が現実味をもってスコットにのしかかってきた。

チェリー－ガラードによると[21]、キャンベルの手紙でアムンセンのことを知ったとき、居合わせた隊員たちはアムンセンに対してひどく腹を立てた（それは北極へ行くと発表していて、いきなり南極へ来た抜き打ち的なやりかたに対する反発があったのと、ロス海の区域が自分たちに優先権があるという意識があったからのようで、右のスコットの引用にもそれを指すらしいところがある)[22]。そして、直ちに鯨湾へ行ってノルウェー隊と話をつけようというような途方もない思いに駆られたという。

しかしそれもやがて収まった。スコットはのちに極点旅行へ出発する前にキャンベルあてにつくった指令書の中で、キャンベルがアムンセンに礼儀正しく対応したことに心から満足していると書いている[23]。

スコットはここで犬ぞりが卓越していると言っているが、それにはわれわれは「おや?」という気がする。第一次探検の経験で、スコットは犬を長期の旅に使うのに否定的だったからである（五七～五九ページ参照）。しかしスコットは、そう考えながらも、牽引力に何がよいか決められないでいたようである。だから今回は本命と考えた馬のほかに犬と雪上車を持ってきた。それにシベリアから犬ぞりの熟練者を連れてきていて、ウィルソンも日記に書いているように[24]、犬の扱い方は第一次探検の時よりも格段に進歩していた。そして補給所づくりの旅では犬の働きはよかった。

また、スコットはアムンセンの犬の数に驚いている。キャンベルの手紙で知ったその数は思いもしないほど多かった（一一六匹）。それほどの数がいれば、それらを少しずつ殺して餌《え》の補いにする方式で極点までの往復は可能だと悟ったのであろう。

バワズ事件㉕

補給所づくりの旅からの帰りに、あわやという事件があった。それはバワズとチェリー－ガラードとクリーンが馬そりを伴って安全野営地からハット・ポイントへ向かって海氷の上へ出たあと、海氷が割れて流れ出した事件である（三月一日）。

前夜、彼らは海氷の上を進むうちに危険に気づいて引き返し、疲れた馬の歩けるかぎりのところまで戻って野営した。しかし野営中にまわりの氷がすっかり割れ、彼らは海の上に漂い始めた。彼らは機会をとらえては馬と荷物を氷盤から氷盤へと移しながらバリアへ向かって南へ進んだ。

六時間あまりかかってようやくバリアに近づくと、そこには幅広い水面があってバリアとの間を隔てていた。砕けた氷が煮えたぎるように揺れ動いている危険なその水面をクリーンがあっちへこっちへと浮氷を拾いながら渡り、それからバリアの縁を必死でよじ登って、ようやくスコットに知らせることができた。そして最終的にあとの二人も助かり、荷物とそりも回収できた。しかし馬は四頭のうち一頭だけしか救えなかった。

この事故についてスコットは日記にこう書いている。「過去四八時間中の出来事はこの遠征全体を粉砕しかねないものだった。奇跡的に人命の損失をまぬがれたことだけが慰めだ」

補給所づくりの旅に連れていった八頭の馬のうち生き残ったのは二頭だけになった。本番の極点旅行でバリアの行程に馬を主力に予定していたスコットには、これは打撃だった。馬はすでに南極までの航海中に二頭死に、基地に残したものも一頭死んで、越冬生活に入るときには全部で一〇頭

山々（ロイアル・ソサイアティ山脈）

になってしまった。もともと馬は購入のときの選定が不適切で、よいものが少なかった。

ハット・ポイントで

海上が通れなくなったので一行は半島の丘を越えてハット・ポイントへ帰り着いた（三月五〜六日）。ハット・ポイントからエバンズ岬の基地までの道も、ハット・ポイントのある半島の部分を除き、陸地はエレバス山の麓の危険な氷の斜面のため、海上を通らないと行き来ができない。しかしいまは海には氷がなく、すぐには基地へ帰れなかった。

ハット・ポイントには第一次探検のときに建てた小屋があった。一行はそこで海の結氷を待つことになった。小屋には第一次のときに残した食糧があり、また近くでアザラシも捕れたので、食糧の心配はあまりなかった。

エバンズ岬の基地から眺めた西部地域の

補給所づくりの隊とは別に西部地域へ調査旅行に出かけていた班が、三月一四日にハット・ポイントへ帰ってきてスコットたちに合流した。

第一次西部旅行㉖

西部班の一行は、テーラーを指揮者に、ライト、デベナム、エバンズ（兵曹）の四人だった。彼らはドライバレーからケトリツ氷河までの範囲で、地質、地文（自然地理）、氷の形態の調査、地質標本の採集、測地、写真撮影などを実施した。氷の形態は標本を持ち帰れないので、良質の写真を得るために大型の写真機を携行した。氷の調査に必要な偏光器もかさばる荷物だった。

一行は一九一一年一月二七日にテラ・ノバ号でバター・ポイントまで送ってもらい、そこから二台のそりを引いてフェラー氷河をさかのぼった。そしてククリ・ヒルズの西端で北へ回り、そこの氷河（テーラー氷河）をいくらか下ると、ドライバレーになった。第一次探検でスコットたちが発見した広大な無氷雪地帯である。

そこではそりが使えないので荷物をかついで進んだ。そしてニュー・ハーバーの海岸近くまでを調査し、それから、来た道を引き返し始めた（二月七日）。途中のフェラー氷河では氷の動きを調べるために目印の杭《くい》を打った。七ヵ月あまりあとにスコットの一行がそれを測定して、最大一〇メートル近くに達する動きを確認した。

フェラー氷河を下ってからバター・ポイントの山麓《さんろく》氷河（山麓にできた台地状の氷河）を南へ越え、ブルー氷河の末端部を横切り、二月一七日にケトリツ氷河の末端部へ着いた。そしてここに物資の一部を貯蔵したあと、その大きな氷河をさかのぼってヒールド島の少し先までを調査し、三月五日に貯蔵所へ戻った。これで調査を終わって帰途につき、バリアの末端沿いに東へ進んで、三月一四日にハット・ポイントへ帰り着いた。

越冬と春（一九一一年四月〜一〇月）

基地へ帰って越冬

ハット・ポイントの人々はその後、四月一三日に一部がエバンズ岬の基地へ帰り、次に基地から食糧をもってきた人々と一部が交替して帰り（四月二一日）、最後に五月一三日に、残っていた人々も基地へ帰った。最後の班が遅かったのは、馬を連れ帰るのに海の氷が十分安全になるのを待っていたからだった。

四月一三日に基地へ帰ったとき、スコットは宿舎の中が整備されていて満足した。基地の科学者たちの観測・調査も順調に始められていた。

ハット・ポイントから最後の班が帰ると、それで本隊は全員（二五人）基地にそろった。そして人々は越冬生活に入った。スコットの日記の六月一九日のところに基地での越冬生活の典型的な一日の描写があるので引用しよう。

「日々の生活が安定した規則性を持つようになって久しい。クリソルドが午前七時ごろに起きて朝食をつくり始める。七時半にはフーパーが床を掃除し、食卓の用意を始める。八時から八時半の間に普通隊員たちが起き、氷を運び入れて溶かすなどの仕事をする。アントンは馬に餌をやりに行き、ドミートリは犬を見に出る。

やがて、まだうとうとしている連中にフーパーが大声で繰り返し時刻を告げる。それは普通一五分さばを読んである！　伸びをし、朝の挨拶を交わす声がするが、それにはまだ眠気がまといついている。ウィルソンとバワズは真っ裸になって雪を満たした洗濯たらいの脇《わき》へ行き、一緒にその冷たいものでぴかぴかの体をこする。少し遅れて、この二人ほどには剛気でないほかの数人が現われ、乏しい水をせいぜい活用する。

八時半を過ぎるとすぐ、私も心地よい寝床からどうにか這《は》い出し、一パイント（約〇・六リットル）ぎりぎりの水で洗面をすませる。九時一〇分前ごろには身仕度もでき、寝床も整えて、ポリッジ（穀類の濃厚なかゆ）の碗《わん》の前に座る。もうほぼ全員食卓のまわりに集まっているが、九時の定刻に滑り込みというのろまも二、三人いる。規則を設けてあるのは一日の仕事が遅れるのを防ぐためで、それを守らせるのにネルソンとあと一人、二人には少々無理をかけなければならない。

九時二〇分には朝食が終わり、（時計が）半を打つ前に食卓は片付いてしまう。九時半から一時半まで普通隊員はそり引き旅行の準備計画に従って休みなく働く。この仕事は冬の大部分の間かかりそうだ。寝袋の修繕とテントの改造はもう終わったが、まだ未完成だったり手つかずのままの仕事がたくさんある。食糧袋、アイゼン、あざらし皮の靴底、馬の防寒着、その他の製作がそれだ。

フーパーが朝食後もう一度宿舎をよく掃き、食器類を洗い、全体の片付けをする。幹部隊員がそれらをいちいち自分でしなくてすむのは好都合だ。おかげでたっぷり一日、妨げなく科学の仕事ができ、結局、頭脳の経済になるに違いない。

一時半か一時四五分になると昼食に集まり、陽気な半時間を過ごす。昼食後、天気が許せば馬に運動をさせる。これには普通隊員全員と幹部隊員数人が出て一時間あまり実施する——残りの幹部も通常この時間に何かの形で運動をする。そのあと幹部隊員は各自の課業を休みなく続け、普通隊員もあれこれと用事をして過ごす。

夕食、つまり正餐《せいさん》は六時半で、一時間足らずで終わる。夕食後は読書、書きもの、ゲームなどをし、時にはやりかけの仕事を仕上げることもある。たいていだれか思いやりのある者がいて蓄音機がかかり、また週のうち三晩は前に書いたように講座が開かれる。講座は相変わらず満員の聴衆で、討論も活発に行なわれる。

午後一一時にはアセチレン灯が消され、まだ起きていたい者や寝床へ入って本を読みたい者はろうそくの明かりに頼らねばならない。ろうそくもたいがい一二時までには消え、夜番だけが残って石油ランプのそばで徹夜の番をする。

宿舎の中での隊員（左からチェリー-ガラード、バワズ、オーツ、ミアズ（上）、アトキンソン）

毎日がこんな具合に過ぎてゆく。あまり活動的な生活といえないかもしれないが、怠惰な生活では決してない。二四時間中八時間以上寝ている者はほとんどいない。

土曜の午後か日曜の朝には、ウィルソンとバワズのほかにも何人か行水をする。ひげそりもし、時には着る物も清潔なものと替える。そういうことが規則正しい日曜ごとの礼拝式とともに一週間の経過の印となる」

冬期講座

右のスコットの記述にあるように、冬の間、週に三回、夕食後に講座を開いた。ウィルソンの南極の鳥、シンプソンの気象学、テーラーの地文学（自然地理学）、デベナムの地

1911年の冬至祭の祝宴（左からアトキンソン、オーツ（立っている）、ミアズ、チェリー－ガラード、テーラー、ネルソン、エバンズ（大尉）、スコット（中央）、ウィルソン、シンプソン、バワズ、グラン（立っている）、ライト、デベナム、デイ）

質学、ライトの氷の問題およびラジウムの話、アトキンソンの寄生虫および壊血病、ネルソンの生物学など。スコットはどの講義も興味をもって聞き、それらの内容を記録した。講義のあとではいつも、その日の題目について討論をした。

科学者たちの専門の講義のほかに、オーツの馬の管理、バワズの極地旅行の服装と旅行食、スコットのバリアの氷と内陸氷、極点旅行の計画、デイの雪上車、エバンズ（大尉）の測地、ミアズの中国奥地旅行、写真家ポンティングのスライドつきのインド、ミャンマー、日本の旅行などがあった。日本のスライドは大変好評だったようで、ウィルソンは夫人への手紙に、またグランは日記に、日本訪問の強い希望を書いている。[27]

冬至祭

六月二二日は南極の冬至で、故国のクリスマスに負けないような楽しい祝宴をした（四七ページ参照）。グランは「文句なしに素晴らしいパーティーだった」と日記に書いている。この日から太陽が戻り始め、極点旅行に出発する夏が日一日と近づいてくるのだった。「この季節こそ、幸不幸いずれにせよ、われわれの生涯で最大の季節の一つになることは間違いない」とスコットは記した。この言葉はスコットたちの運命を妙に暗示している感じがする。

第一次探検のときにならって、今度も冬営中に『南極タイムズ』という雑誌をつくった。チェリー‐ガラードが編集して冬至祭の日に復刊第一号を発行し、その後、九月に第二号、一〇月に第三号を発行した。内容は論説、報告、科学論文、気象関係の記事、軽い読み物、詩、言葉遊びの詩などだ。美しい写生や写真、風刺漫画などがたくさん入っていた。

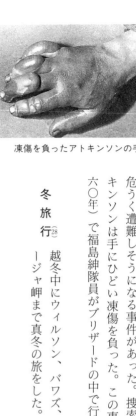

冬営中の七月三日に、宿舎から二キロメートルほど先の、海氷上に設置してある百葉箱《ひゃくようばこ》へ出かけたアトキンソンが、ブリザードのために途中で方向を見失い、さまよい歩いて危うく遭難しそうになる事件があった。捜索隊によって幸い救出されたが、アトキンソンは手にひどい凍傷を負った。この事件は、日本の第四次南極観測（一九六〇年）で福島紳隊員がブリザードの中で行方不明になったのを思い出させる。

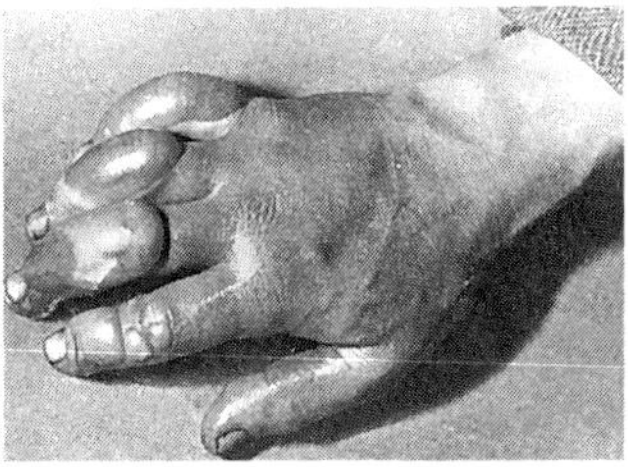
凍傷を負ったアトキンソンの手

冬旅行[28]

越冬中にウィルソン、バワズ、チェリー‐ガラードの三人が、クロージャ岬まで真冬の旅をした。皇帝ペンギンの発生学の研究に不可欠の資料である発生初期の卵を得るのが目的だった。それは鳥類の系統発生の解明にも役立つかもしれなかった。

皇帝ペンギンがクロージャ岬で越冬して繁殖することが第一次探検のときに発見された。そして発生初期の卵が採集できるのは冬の時期になるので、南極の厳しい自然条件の中でも特に厳しい冬の最中に、あえて繁殖地のクロージャ岬へ旅をすることになった。

冬旅行班は六月二七日に、連結した二台のそりを引いて出発した。基地から海氷上を南へ向かい、アーミテジ岬を迂回《うかい》してロス島の南側をクロージャ岬目指して進んだ。滑りの悪い路面でそりは重く、リレー方式（五一ページ参照）を取らなければならないので進みは大変遅かった。全力を尽くしても一日に二・八キロメートルしか進めない日もあった。

一一時ごろから三時近くまでは、雪についた大きな足跡なら見える程度に明るくなったが、あとは月明かりか、ろうそくのランプを頼りに進んだ。気温は低く、摂氏マイナス六〇度まで下がることもあった。寒さを防ぐために夜は寝袋の口を閉じるので、呼吸で寝袋が次第に湿気てきた。また、そり引きのときに衣服に凍りついた汗も就寝中に体温で溶け出して寝袋をぬらした。ぬれた寝袋はあとで凍ってひび割れ、そこが穴になった。

ようやく七月一五日にクロージャ岬の近くへ着き、テラー山の麓のモレーン（氷河の運んだ土石の堆積《たいせき》）の丘に、拠点にする石小屋をつくった。そうして一九日にいよいよ皇帝ペンギンの繁殖地

冬旅行に出発する３人（左からバワズ、ウィルソン、チェリー-ガラード）

へ出かけた。しかし大氷脈《ひょうみゃく》の乱氷《らんぴょう》とクレバスに阻まれてペンギンのいる海氷まで下りられず、その日はやむなく引き返した。翌日ふたたび出かけ、乱氷と岩の難しい崖《がけ》を下りてどうにか海氷へたどり着くことができた。

ところが、第一次探検のときには、時期は違うが二〇〇〇羽ほどはいた皇帝ペンギンが、いまは一〇〇羽ほどしかいなかった。明かりのある時間が短いので大急ぎで卵を集め、さらに燃料用の脂を得るためにペンギンを三羽捕って石小屋へ帰った。卵は五個集めたが帰り道で二個が割れてしまった。[29]

二二日の早朝から猛烈なブリザードが吹き始め、荷物置き場にしてあったテントが吹き飛ばされてなくなった。二三日には石小屋の屋根の帆布も裂けて吹き飛ばされてしまった。三人は凍った寝袋にもぐり込んでブリザードの収まるのを待つしかなかった。二四日の朝ようやく風が衰え始め、四八時間ぶりに、温めたペミカンを口にすることができた。そして薄明るくなるのを待ってテントを探しに出ると、ほとんど無傷でそれが見つかった。奇跡のようだった。

状況が厳しすぎるので、一行は滞在を切り上げ、二五日に帰途についた。研究に十分な数の卵を得るには繁殖地の近くで越冬する以外にないとウィルソンは悟った。一行がエバンズ岬の基地へ帰り着いたのは八月一日の夜だった。そのときの三人の様子をスコットはこう記している。

「クロージャ班が昨夜帰ってきた。五週間にわたって前代未聞の厳しい条件に耐え抜いたのだ。三人とも見たことがないほど風雪に傷めつけられた様子をしていた。顔には傷がつきしわが寄り、目はどろんとし、手は絶えず湿気と寒気にさらされて白っぽくしわだらけになっていた」

　条件の厳しさのために、旅の目的だった皇帝ペンギンの発生学についての成果は不十分だった。

「しかし」とスコットは書いている。「私やここに残ったすべての者に対する成果が一つある。それは今度の努力が極地史上まれに見る勇敢な物語として想像力に訴えかけてくることだ。人間が極地の夜の深みへさまよい出て、暗闇《くらやみ》の中で恐ろしい寒気と猛烈な風に立ち向かったのはこれが初めてだ。そしてどんな不運にもひるまず、まる五週間がんばり通したことは英雄的というほかない。それはわれわれの世代の話題となり、そしていつまでも語り継がれるだろう」

　この旅では皇帝ペンギンが真冬に海氷の上で産卵することが確認され、発生中の卵も得られたほかに、バワズによって旅行中の気象とオーロラの記録が得られ、また三人がそれぞれ異なる食事をすることによって旅行食の実験もできた。

太陽の再来

やがて太陽が再来して（八月二二日）春になると、旅行の準備に拍車がかかってきた。旅行の装備はバワズとエバンズ（兵曹）の尽力で「小さな部分一つまで細心の注意を払って整えられ、経験の教える通りのもの」になった。

スコットはバワズの助力を受けて極点旅行の細部の計画をつくった。輸送の牽引力が馬と犬と雪上車と人というように、数種にわたっていて、人を除く三つについては成功率が明確でなく、いろいろな場合を予想しておかなければならないので、計算が複雑になった。

行動の季節を迎え、補給所の確認と極点旅行の足ならしなどのために、いくつかの班が春の旅をした。

九月九〜一五日に、エバンズ（大尉）、グラン、フォードの三人がコーナー野営地まで旅をして、安全野営地とコーナー野営地の補給物資を吹きだまりの雪から掘り出し、補給所を築き直して見つけやすくした。この旅は寒さがはなはだしく、夜もほとんど眠れない厳しいものだった。

九月一五〜二九日に、スコット、バワズ、シンプソン、エバンズ（兵曹）の四人が西部地域へ短期旅行をした。バター・ポイントに西部班のための補給所をつくったあとフェラー氷河を登った。そして二月に西部班がつけた目印をもとに氷河の流動を測定し、また測地、地質標本の採集などをした。

明かりが戻ってくると、基地では写真撮影に対する興味が隊員たちに広まり、写真家のポンティングが丁寧に指導した。

このころエバンズ岬の基地とハット・ポイントの間にミアズが電話を引いた。「ハット・ポイントと愉快な長電話。もちろん冷やかしを言い合う好機会だ」とスコットは日記に書いている。この電話は、時期ははっきりしないが、やがて通じなくなったようで、翌年必要なときに使われていない(30)。電話は基地の近くではすでに引かれていた。海氷に掘った穴のところで海洋調査をするネルソン、屋外で天体観測をするエバンズ（大尉）、および氷の洞穴で重力の測定をするライトとの連絡に利用されていた。

ノルウェー隊について

極点旅行を前にして、スコットはノルウェー隊について次のように夫人への手紙に書いている。

「アムンセンの成功の見込みについては私にはわかりません。彼が極点へ到達するとすれば、それはきっと私たちより先になるでしょう(31)。犬ぞりの旅が速いに違いないのと、出発の時期もおそらく早いからです。

そういう次第で、私は彼が来なくても実施したはずの予定を寸分も変えずに実施することに早くから決めていました。少しでも競争しようとしていたら私の計画はめちゃめちゃになったに違いないし、またその種のことを求めて出かけてきたとも思えません。

これがそちらへ届く前にすでに何か伝わっているかもしれません。実際、どんなことだって起こり得るのです。いずれにせよ、私はばかげたことをしたり言ったりしませんから、それは安心していてください。ただ私たちの事業がひどく軽んじられるようになるかもしれない点は覚悟していてもらわねばなりません」

ノルウェー隊が鯨湾に基地をつくったことを初めて知ったときの反応にも見られたが（八八〜八九ページ参照）、スコットは状況を判断して自分の態度を定めていた。

右の引用の中で「その種のこと」というのは競争を指していると考えられる。偶然であっても、別々の二つのグループが同時期に同じ目的に向かって行動すれば、局外者には競争に見えるのは自然なことである。しかしスコット自身にはそうではなかった。彼が国を出発するまでの間に、ドイツ、日本、オーストラリアなどの南極探検の計画が伝えられていたが、極点到達を目標とする隊、あるいは実際上到達の可能性のある隊はなかったから、同時期にだれかと極点到達の早さを争うことは出発のときには彼の念頭になかった。もし、そういう隊のあることがわかっていて、それと競争するつもりだったら、科学班を割愛し極点突進に絞った隊編成を取るなどの対策を講じただろう。

一方、アムンセンは、スコットに先んじて初到達するつもりで出てきたのであるから、当然それに集中して計画を練り、万全の準備を整えていると考えられた。[32] それだけでもスコットの不利は明らかだった。スコットにとって残された望みは、アムンセンに途中で何らかの支障が起き、極点到

そりを引く雪上車

達が不成功に終わる可能性だけだった。

そういう状況を考えれば、スコットがにわかに計画を変更することなく、予定をそのまま進めていくことにしたのは適切な判断だったと言えよう。[33] 極点でのウィルソンの言葉（一二七ページ）も彼がスコットのそういう選択に賛成だったことを示している。

極点旅行・バリア（一九一一年一〇月～一二月）

雪上車班の出発

一九一一年一〇月二四日に、極点旅行の先発隊として雪上車班がエバンズ岬の基地を出発した。雪上車二台と隊員四人（エバンズ大尉、デイ、ラッシリー、フーパー）。荷物は主として馬料とガソリンだった。

極地における雪上車の使用は初めてのことで（注(4)参照）、あまり期待できなかったが、ある程度は成功してほしいとスコットは切望していた。それは極点旅行のために働いてもらいたいということももちろんあったが、それとは別に、雪上車が将来「極地の輸送に大変革をもたらしうる」と考えていたからで、そのためにも、いま失敗すると将来性を疑われることになる恐れがあるからだった。

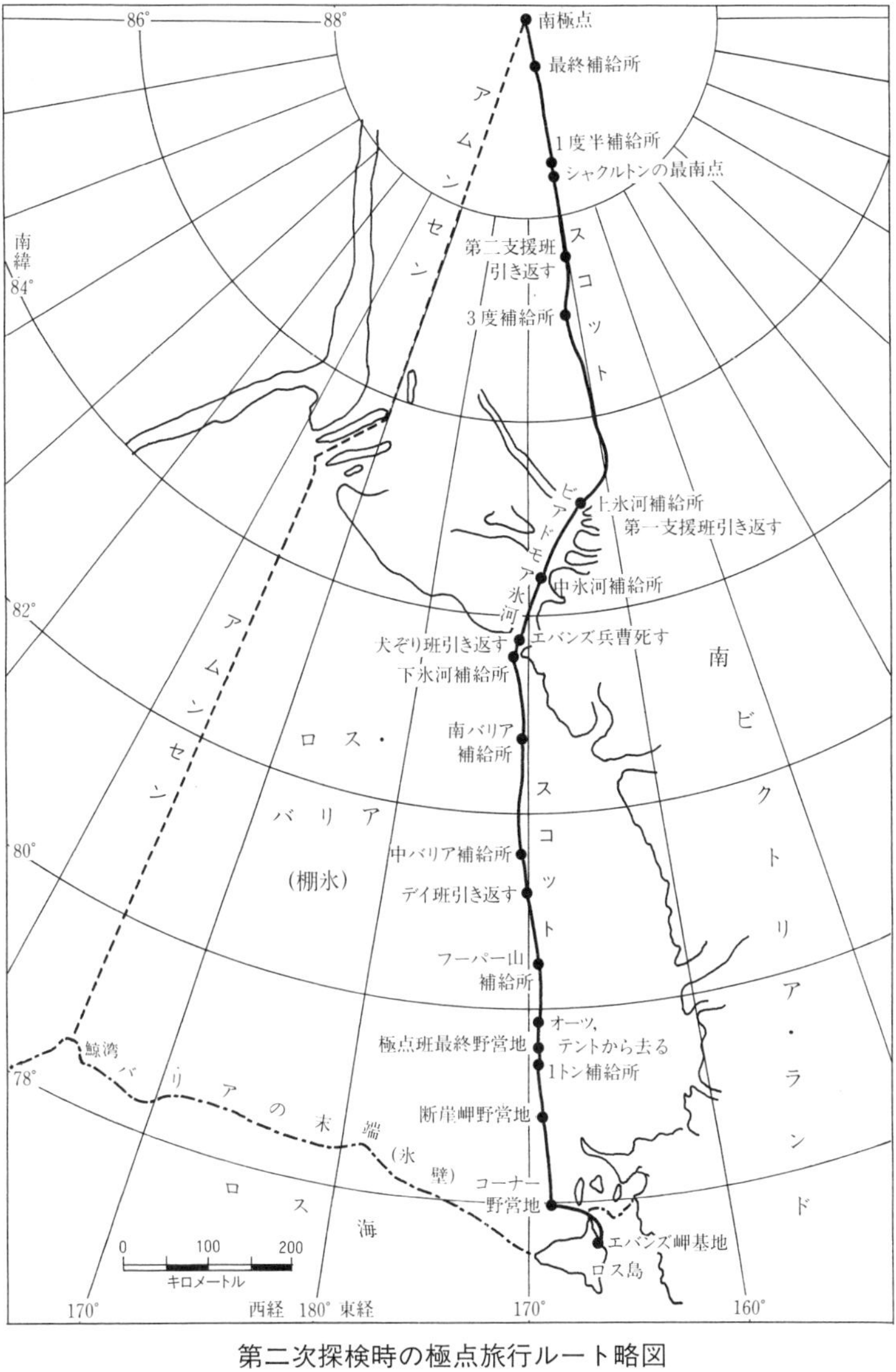

第二次探検時の極点旅行ルート略図

一トン補給所まで

一〇月三一日と一一月一日に、馬そり班の一〇人がエバンズ岬基地からハット・ポイントへ移った（スコット、ウィルソン、バワズ、オーツ、アトキンソン、ライト、チェリー＝ガラード、エバンズ兵曹、クリーン、コヘイン、馬一〇頭、そり一〇台）。そして一一月二日の夕食後、南へ向かってハット・ポイントを出発した。

夕食後に出発して夜間行進をしたのは、暖かい日中のほうが馬を休ませるのによいと考えたからだった。夜間といっても、この時期の南極は暗くはならない。行進では馬の歩度によって三班に分かれて進んだ。馬は暴れて手こずるものもいたが、ほぼ順調にそりを引いて進んだ。途中の安全野営地のあたりでポンティングが出発風景を映画に撮影した。

行進する馬そり班

一一月三～四日に安全野営地とコーナー野営地の間で、雪上車一台と、雪上車が引いてきたそりが放棄してあるのが見つかった。そして五～六日にはコーナー野営地の先にもう一台も放棄してあるのが見つかった。スコットはがっかりした。しかし雪上車は基地からそこまで八〇キロメートルあまり働き、馬たちの負担を軽くしたことは小さからぬ貢献だった。雪上車班の四人は、自分たちで一台のそりを引いて先へ進んでいった。

ハット・ポイントを出発する犬ぞり班

犬ぞり二チーム（犬二三匹）を連れたミアズとドミートリは、すでに馬料の運搬でコーナー野営地までを行き来していて、最終的に五日の朝ハット・ポイントを出発し、七日に馬そり班に追いついて南進隊に合流した。

合流後は、犬ぞり班は馬そり班より少し遅れて出発し、馬そり班の行程を楽楽と進んだ。秋の補給所づくりの旅で築いた道しるべの雪塚《ゆきづか》がよく見えて役立った。夜間行進で毎晩一八・五キロメートル（一〇地理マイル）ほど進み、一一月一五日に拠点補給所である一トン補給所へ着いた（南緯七九度二八分半）。

一トン補給所を出発

一トン補給所で一日休んだあと、一六日の夜、行進を再開した。ここからは一日二四キロメートル（一三地理マイル）の進度で進むことにした。馬そりの荷物の重量は、強い馬のは二六〇キログラム、ほかの馬のは一八〇キログラムあまりだった。馬たちはわりあいよく働いていた。

一一月二一日の朝、南緯八〇度三二分で、そりを引いて先行していた元雪上車班の四人が待っているところへ着いた。そこで補給所をつくった（フーパー山補給所）。

一一月二三〜二四日の行進終了後、衰えた馬を一頭射殺して犬の餌にした。二四日の夜、人引き班（元雪上車班）のデイとフーパーが一行と別れてエバンズ岬の基地へ帰っていった。二人が抜けた代わりに、殺した馬の御者だったアトキンソンが人引き班に加わり、その後二九日からはライトもこの班に加わった。

一一月二五日の夜から出発を二時間ずつ遅らせ（この日は実際には二六日になる）、夜間行進から徐々に昼の行進へ移行することにした。太陽が高くなって夜も暖かくなってきたので、馬を休ませるのに支障がないと判断したからだ。この日、昼食野営のとき、帰りのための補給所を築いた（中バリア補給所、南緯八一度三五分）。

このあたりでの行進についてスコットは次のように感想を書き留めている。

「天地が一枚の白一色の柩《ひつぎ》掛けになって見分けがつかないときに大雪原を歩くのはいつでも陰気なものだが、いまのようによい仲間があり、万事着々と順調に進んでいるのは慰めになる」

一二月一日に南緯八二度四七分で補給所をつくった（南バリア補給所）。一一月二四日と二八日に馬を一頭ずつ殺したが、この日と次の日にもそれぞれ一頭殺した。馬が衰えてきたのと馬料が足りなくなってきたからだ。馬を殺すときはスコットは心を痛めている。そして、その馬の担当者の心情も思いやっている。

馬も「起伏する路面の、深い雪の中を難なく歩いてめざましい行進」をすることもあったが、一方「犬は素晴らしいの一語に尽きる」働きぶりだった。

犬のよい働きにはスコットは複雑な思いがあっただろう。犬ぞりによるアムンセンの順調な進みが頭にちらついただろう。

「前の野営地から南南東を望んだとき、そこは最も遠くまで陸地が見えるところで、まず間違いなく非常に高緯度の地点までバリアを進むことができそうに見えた。アムンセンがそこを行くとすれば幸運に恵まれるわけで、高原の旅は一〇〇（地理）マイル（一八五キロメートル）ほどに短縮されるだろう」

一二月四日に馬をまた一頭殺した。殺した馬は主として犬の餌にしたが、隊員たちも食べた。

野営での食事（左からエバンズ兵曹、バワズ、ウィルソン、スコット）

四日間の遅れ

旅の第一段階の終わるビアドモア氷河の麓を目前にして、荒れ狂うブリザードのために行進できなくなった。朝食をし、馬の風よけの雪の塀を築き直したあと、また寝袋へ入ってじっとブリザードの収まるのを待つ、という状態を強いられた（一二月五～八日）。

停滞はスコットにとって重大だった。それは、一つには馬料が不足して、馬の使える期間が短くなるからだったが、それ以上に重大だったのは、人の食糧もそれだけ余分に消費されて減少し、支援班が予定より早く引き返さなければならなくなることだった。それは極点到達も危うくしかねなかった。

気温が上昇して摂氏〇・六度になり、雪以外のものの上に落ちた雪はすべてその場で溶け、あらゆるものがびしょぬれになった。それを題材にコヘインがおどけた詩をつくったのをスコットは記録している。

雪がどんどん溶けてなにもかもが水浸し
これがもっと続いたらテントをひっくりかえし
ボートにしなくちゃなるまいさ

「失望の泥沼」の中にいながら、隊員のユーモアを記録したのは、そうすることで自分の心に余裕を持たせようとしたのかもしれない。

一二月九日にようやく行進できるようになり、路面に積もった深い雪に苦しみながらビアドモア氷河の少し手前まで行き着いた。ここで野営し、残った馬（五頭）を射殺した。殺した馬は解体して犬の餌にし、隊員も食べ、また帰りのときの食糧として貯蔵した。そり四台と個人の持ち物の一部もここに残した。馬を全部殺したのは馬料がなくなったからだった。それに馬たちはすっかり衰えていた。

スコットの考えでは馬はビアドモア氷河へ入ったところまで使うはずだった。そこまではあと少しだったから、一般に言われているのとは違い、馬はほぼ予定の働きをしたといえる。チェリー－ガラードは、ここでウィルソンが馬の責任者のオーツにお祝いを言い、同時にスコットがオーツに礼を言ったことを記録している。(34) それはオーツの尽力によって馬が所期の役割を果たしたという意味からであろう。(35)

これで旅は第一段階のバリアの行程が終わった。そしてこの野営地での隊の雰囲気はよかった。

「前途が疑わしいのに、今夜は一同ほがらかで盛んに冗談が飛び交う」

極点旅行・ビアドモア氷河（一九一一年一二月）

旅の第二段階はビアドモア氷河を登る行程である。ここからは馬がいないから、一部の荷はしばらくは犬ぞりが運ぶが、残りは人引きそりによる運搬になる。四人の

氷河へ入る

人引き班を三つ編成して（二号班は既成）それぞれ一台のそりを引いて進んだ。班の編成は次のようだった。

一号そり――スコット、ウィルソン、オーツ、エバンズ（兵曹）
二号そり――エバンズ（大尉）、アトキンソン、ライト、ラッシリー

三号そり――バワズ、チェリー－ガラード、クリーン、コヘイン

ビアドモア氷河は、長さ二〇〇キロメートルほど、幅一六ないし五〇キロメートルほどの大氷河で、北東向きにバリアへ流れ込んでいる。スコットたちは河口の西側からその氷河へ入ることになる。

まず西の陸地とホープ山の間の山あいの斜面を登った（一二月一〇日）。柔らかい積雪と登り道のために人引きそりの行進は苦しかった。斜面を登り切り、少し下って氷河へ入ったところで野営した。

氷河を登り始める

次の日（一二月一一日）、出発前に帰りのための補給所（下氷河補給所、南緯八三度三五分の少し北）をつくってから、ビアドモア氷河を登り始めた。軟《なん》雪《せつ》をかぶった乱氷の中を四時間ほど進み、乱氷から出たところで昼食の野営をした。ここで犬ぞりの荷を人引きそりに配分し、犬ぞり班のミアズとドミートリが帰途についた。

帰っていく犬ぞり班に託した家郷への便りにスコットはこう書いた。

「情勢はあまり明るくありません。しかし一同気力を盛り立て、運は必ず向いてくるだろうと話し合っています。いまは私がかつてと同じくみんなに負けずにがんばれる自信があるとだけお知らせします」

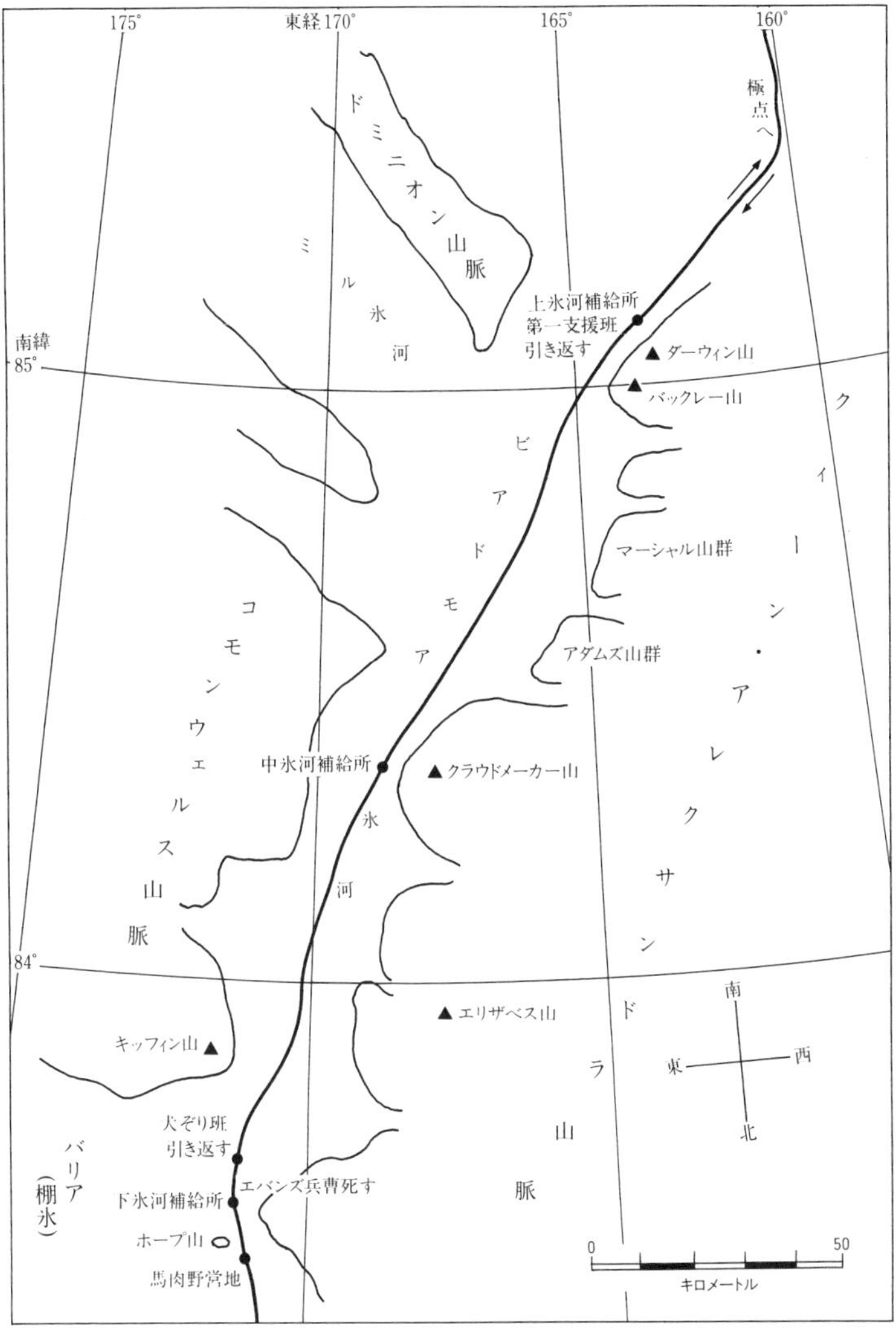

極点旅行時のビアドモア氷河地域略図

　ここからは完全に人力だけで進むことになった。このときの荷物の重量は一人当たり九〇キログラムだった。前の日にもそうだったが、この日にも後半の行進でエバンズ（大尉）の班が遅れた。人引きを始めた途端にそういう事態が起こったのでスコットはいらいらした。そして隊員たちがスキーの練習を怠ったことを嘆いている。
「今夜のこのあたりの雪は恐ろしく柔らかく、一歩ごとに膝《ひざ》まで沈む。靴のままではそりは引けまいし、犬でもよほど難しかろう。スキーこそが頼りなのに、わが同胞は食わず嫌いからその練習を怠ってしまったわけで、思えば腹立たしいことだ」
　しかし、数日後の一六日には、「スキーをどうすべきかわからなくて困る。（使わないときの荷物としての）重量は相当なもので、それでも場合によってはきわめて役立つ」と書いている。スコットは第一次探検でもスキーを使ったが、その価値については積極的な判断ができなかった。スキーは元来イギリス人にはなじみのないものだった。ナンセンも、スキーを使わなかったイギリスの北極探検家たちについて、「スキーが用いられず、雪も一年中ほとんど見られない国に生まれたのは、別に彼らの落ち度ではない」と言っている。[36]
　隊員が練習を怠ったのは隊長の責任とも言え、ここはむしろ、人引きが予想以上に困難なために、いらいらする気持ちを日記の中にぶちまけているように解される。そしてエバンズの班が遅れがちになったのは、四人のうちエバンズとラッシリーの二人が、雪上車を放棄してからずっと、またアトキンソンとライトもほかの隊員たちよりも早くから、人引きをしていて、この班はすでに体力が弱っていたからで、それは当然のことだった。

一二月一二日にはスコット自身の班も難渋して遅れた。「たびたび雪に沈み、どんなにがんばってもそりは鉛のように重かった」

氷河の道には深い積雪や高いサスツルギがあり、また大きな起伏もあった。そういう道を苦しいそり引きをしながら登った。そして一七日に氷河の中ほどまで登りついて補給所をつくった（中氷河補給所、南緯八四度三三分）。

サスツルギ（積雪が風で削られてできた鋭い凹凸。発達したものは高さ１メートル以上になる）

氷河を高原まで登る

一二月一九日にはクレバスに悩まされた。スコットは二度落ち込み、膝と太ももに打撲傷を負った。しかしやがて平らな氷面へ出て快調に進んだ。昼食には時間を長く取って測地や写真撮影、写生などをした。この日二七キロメートルあまり進んでスコットは大いに満足した。「今日のような日があると元気が湧《わ》いてくる」と記している。次の日にも良好な行進ができ、堅い氷の上をアイゼンをつけて引き、三七キロメートル進んだ。

一二月二一日に、氷河をほぼ登り切って南緯八五度七分、標高約二

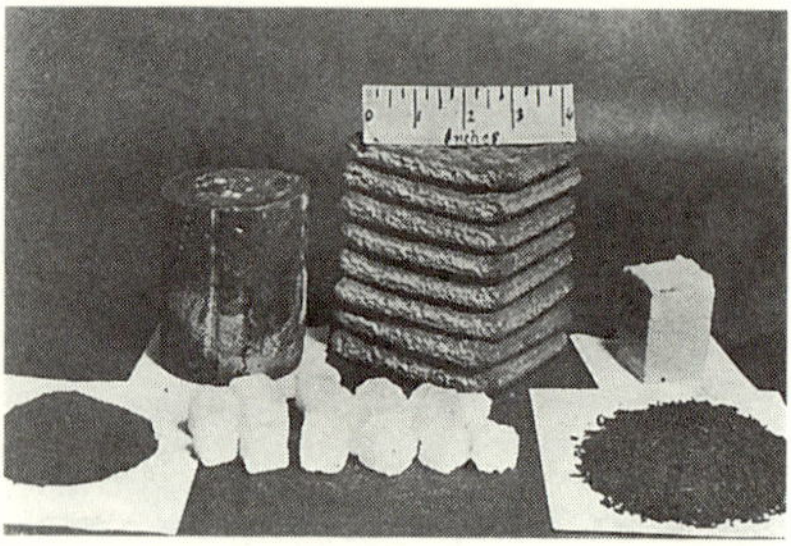

旅行時の１人１日分の食糧（左からココア、ペミカン、砂糖、乾パン、バター、茶。目盛はインチ）

四〇〇メートルに達した。そしてここから一班が引き返すので荷物の仕分けをした。引き返したのはアトキンソン、ライト、チェリー－ガラード、コヘインの四人だった。この班を第一支援班あるいは第一帰還班と呼んでいる。スコットはこの人選について「心の痛むこと」だと書いている。それはほとんど全部の隊員がなるべく遠くまで、できれば極点まで行きたいと思っていたからだった。[37]

　引き返す班に託してスコットは家郷へ手紙を書いた。

「目下、容易ならざる条件を相手に奮闘しています。天気がいつも心配の種で、それを除けば万事手筈《てはず》通り進んでいます。また特に耳に入れたいのは体調が至ってよいことで、ほかのいちばん元気な者にも負けずに進めそうです」

　ここで食糧計画上の遅れがなくなった、とスコットは書いている。というのは、ブリザードによる四日間の停滞のために食い込んだ分と、予定より遠くまで来た犬ぞり班[38]の二人のための不足分を節約によって埋め合わせをしていたのが、ここでようやく補いがついて計画通りになったのである。とはいえ実際には、節約した分だけ不足していたことに変わりはない。

　下氷河補給所以降の食糧は、満量で一人一日分として次のように計画されていた。乾パン四五四グラム（八枚）、ペミカン三四〇グラム、バター五七グラム、ココア一六グラム、砂糖八五グラム、茶二四グラム、合計九七六グラム。ほかに若干の粉末タマネギと食塩があった[39]。規定の食糧とは別にクリスマスなどのお祝いのために、干しぶどう、チョコレート、プラムプディング、キャラメルなども持っていた。

極点旅行・高原（一九一一年一二月～一九一二年一月）

八人で前進

一二月二二日に補給所（上氷河補給所、南緯八五度七分）をつくり、「帰途につく隊員たちと胸に迫る別れの挨拶を交わした」あと、残りの八人は極点まで続く高原の旅を始めた。出発のときの荷物の重量は一人当たり八六キログラムあった。班の編成は次のようだった。

一号そり――スコット、ウィルソン、オーツ、エバンズ（兵曹）
二号そり――エバンズ（大尉）、バワズ、ラッシリー、クリーン

まだいくらか登りが続いていたが、この日の行進は順調で、一九・五キロメートル進んだ。ただ、このあたりは高原の氷が氷河へ崩れ落ちて大乱氷になっていて、真南へは進めず、南西へ迂回していたので、緯度はあまり稼げなかった。次の日にも登りが続き、途中でひどいクレバスと激しい起伏の地帯になり、西へ遠回りさせられてスコットは腹立たしい思いをした。そしてクレバスへ足を

落とすこともあった。しかし進度は良好で、二七・八キロメートル進んだ。

一二月二四日には真南へ進めるようになり、二六キロメートルあまり進んだ。

「太陽は雲一つない空に照り続け、風は強まったり衰えたりし、まわりには極度に荒涼とした景色が広がっている」

二五日にもクレバス地帯があってたびたび足を落としたり体半分落ち込んだりした。二号そりのラッシリーが落ちたときは救出に三〇分かかった。しかしあとは順調で、二七・八キロメートル進んだ。この日はクリスマスで、夕食には祝宴で満腹した。

一二月二七日には道に登り下りが多かった。登りは厳しく、特にサスツルギ地帯ではそりがこづき回されるようになって苦しかった。またクレバスと乱氷の区域では、進めるところを探し回らなければならなかった。スコットは先導者として常に路面に注意し、針路を保っていなければならないので楽ではなかった。

一二月三〇日にスコットは「シャクルトンの日付に追いついた」と書いている。ブリザードで四日間停滞して遅れてから、スコットは進度をしばしば三年前のシャクルトンのそれと比べている。この日ようやく遅れを取り戻し、シャクルトンと同じ日付に同じ位置まで達してほっとしたようだ。

一二月三一日には、二号班がスキーその他約四五キログラムを野営地に置いて荷を軽くして出発した。この日は半日だけ行進し、南緯八六度五六分に達したところで野営して補給所をつくった。

高原での野営（三度補給所）

極点まで緯度でほぼ三度（三三三キロメートル）の距離のところなので三度補給所という。

ここでエバンズ（兵曹）、ラッシリー、クリーンの三人がそりの改造をし、三・六メートルのそり二台をそれぞれ三メートルのそりにつくり変えた。この作業でエバンズは手にけがをした。それはやがて化膿《かのう》し、彼が早く衰える一つの原因になったようである。

一九一二年一月一日。二号班はスキーがないから徒歩で、一号班はスキーで進んだ。道はゆるい登りだったが行進は順調だった。この日の荷物の重量は一人当たり五九キログラムだった。そしてそり引きは楽だった。

一月二日の午後の行進中、トウゾクカモメが一羽やってきて、一同驚いた。「海からの距離を考えると尋常でない訪問者だ」

班の編成替え

一月三日に南緯八七度三二分へ達したところで班の編成替えをした。そしてエバンズ（大尉）、ラッシリー、クリーンの三人がそこから引き返し、残る五人（スコット、ウィルソン、バワズ、オーツ、エバンズ兵曹）が極点まで進むことになった。引き返した班は第二支援班あるいは第二帰還班と呼ばれる。

ビアドモア氷河以降、人引きそりで進むようになってから四人単位で一台のそりを引いて進んできた。それをここでスコットがにわかに変更して最終班を五人にしたのはなぜだろうか。

　チェリー‐ガラードによると、[40] それはスコットにとってこのとき状況の展望が明るかったのと、スコットが一人でも多く極点へ連れていきたかったためである。たしかに、帰途につく班にことづけた家郷への便りにスコットはこう書いている。

「有望な位置から最後に一言。首尾よくいくだろうと思います。優れた一隊が前進するのですし、手筈もすべて好都合に運んでいます」

　また、第一次探検の南進旅行の途中で南緯七九度へ達したとき、一五人もの隊員が新記録の場に立ち会えたと言ってスコットは喜んでいたが、いまの場合も一人でも多くの隊員に極点を踏ませてやりたいという気持ちが働いたのだろう。こうしてスコットは、有能さに特に注目していたバワズを最終班に加えた。

　しかし、装備はすべて四人単位になっていたので、五人になると不都合が生じかねなかった。四人用のテントを五人で使うことになれば、夜には外側の二人の寝袋の一部が床敷きからはみ出し、じかに雪に接するようになるだろう。またスコットもあとで日記に書いているように、炊事にかかる時間が長くなって、睡眠あるいは行進の時間がそれだけ減っただろう。行進のときは寝袋を一つ余分に積むから荷物が高くなり、凹凸のある路面ではそりが転覆しやすくなる。それにバワズにはスキーがなかった。脚の短いバワズが、一人だけ靴のままでスキーの人たちに調子を合わせて進むのは、よほど大変だったに違いない(41)。

五人で極点へ

ともあれ最終班は五人となって極点への旅を続けた(一月四日)。引き返す三人は、極点班の前進を見届けるために後ろからしばらくついていった。やがて前進に支障のないことがわかると両隊は停止して別れの挨拶を交わした。

「テディ・エバンズはひどく落胆の様子だったが(注(37)参照)、事態を甘受して男らしく振る舞った。かわいそうにクリーンは涙ぐみ、ラッシリーですら胸をつまらせていた」

食糧は五人に一ヵ月分以上の量があった。「これだけあれば大丈夫のはずだ」とスコットは書いている。

この日はわりあい順調に進み、一二三キロメートル前進した。しかし翌五日には路面が悪化し、「高原へ出て以来、最も厳しい行進」になった。六日には高いサスツルギで波立つ海のような路面になり、そりが重く、スキーを脱いで引かなければならなかった。そのうえ、途中で寝袋を一つ落としたことがわかり、逆戻りして拾いにいったため一時間以上の損失になった。

一月七日にはスキーを野営地に置いて出発した。サスツルギのために「破損の恐れがあるから」だった。ところが四〇分ほど進むうちにサスツルギが次第に消えていったので、引き返してスキーを取りにいった。スキーをはいても行進は苦しかったが、スコットは「今後スキーは手放してはならない」と心を決めた。「スキーをはいているほうがはるかに疲労が少ない」。そしてスキーのないバワズが進むのに苦労しているのを思いやっている。バワズは前を引くスコットとウィルソンの間の、少し下がった位置で引いた。

一月八日には高原で最初のブリザードになり、一日停滞した。停滞で休息している間にスコットは極点班の一人ひとりの立派な働きのことを詳しく記録して、「われわれ五人は、まず考えうる最適任の一団と言えよう」としめくくっている。

シャクルトンの最南点を越える

一月九日にシャクルトンの最南点（八八度二三分）を越え、八八度二五分へ達した。スコットは「新記録」と大文字で日記に書いた。すでに一カ月も前に（一二月八日）アムンセンの一行が別のルートを通ってシャクルトンの記録を越え、いまは極点からの帰り道の半ばを進んでいたのだが、それは知るよしもなかった。

一月一〇日には昼食野営地で帰りのための補給所をつくり（一度半補給所、南緯八八度二九分）、一週間分の食糧と種々の衣類を残した。しかし荷が軽くなったのに、滑りの悪い路面のために進みが遅いので、スコットは到達に自信が持てなくなる。

「昨日だったらきっとやり通せると言えたのだが、いまは路面があまりにも悪く、このままだと規定の距離を維持するのにはよほど苦労しなければなるまい」

一一日も一二日も一三日も、苦しいそり引きだった。それでも一三日には南緯八九度を越え、極点まであと九四・五キロメートルになった。

一月一五日の昼食時に南緯八九度二六分五七秒へ達した。そこに最終補給所をつくり、四日分の食糧と若干の物品を置いた。補給所をつくって荷が軽くなったのと、昼食の休憩で元気が出たのとで、午後の行進は順調だった。

極点到達（一九一二年一月）

極点到達はほとんど確実になった。しかし「一つだけ恐ろしいのは、ノルウェーの旗が先んじている可能性だ」。

ノルウェー隊の旗

そして次の日、その「恐ろしい」ことが起きてしまった。スコットの日記を見よう。

「一月一六日・火曜。六八号野営地、（標高）九七六〇（二九七五メート

そりを引いて行進する極点班（１人は撮影中）

ル）、気温マイナス二三・五度（摂氏マイナス三〇・八度）。
最悪の事態、あるいはそれに近いことが起きてしまった。午前中順調な行進で七・五（地理）マイル（一四キロメートル）進んだ。正午の天測《てんそく》では南緯八九度四二分と出た。そして明日は目的地へ到着だと思いながら一同元気いっぱいで午後の行進を始めた。行進二時間目へ入ったころ、遠目の利くバワズが雪塚らしいものを見つけた。バワズは気がかりにはなったが、きっとサスツルギだろうと考えた。

それから三〇分後、彼は行手に一点黒いものを認めた。やがてわれわれもそれは自然な雪の形状では決してないことを悟った。さらに進むと、それはそりの支え木に黒い旗をゆわえたものだとわかった。近くに野営の跡、行き交うそりとスキーの跡、くっきりと犬の足跡——多数の犬。これらがすべてを語っていた。

ノルウェー隊がわれわれに先んじて極点初到達を遂げたのだ。失望のきわみだ。忠実な隊員諸君にまことに相すまない。くやしい思いが次々と浮かび、みんなでずいぶん意見を交わした。明日は極点まで行進し、それからできるかぎり帰途を急がなければならない」

こういう結果になる可能性は認識していても（一〇四ページ参照）、事実を前にしたときには、それは慰めにならなかっただろう。

翌日（一月一七日）極点へ到達した。「極点」とスコットは大きな文字で日記の一行いっぱいに書いた。しかし、それに続けて「そう。だが期待とはまるで違った状況のもとにだ」と書かざるをえなかった。極点はスコットには恐ろしいところとなった。

「何ということか！　ここは恐ろしいところだ。そして、苦労してここまで来ながら一番乗りという報酬も与えられなかったわれわれにはあまりにも厳しい」

　それでも、「ここまで来たのは無意味ではないのだ」とスコットは思い直して自分を励ましている（一三三ページ参照）。

　この日のウィルソンの日記を見よう。

「いずれにせよ、極点先着を主張する権利が彼（アムンセン）にあることは、われわれは一致して認めた。彼が競争をしたというかぎりでは、彼はわれわれに勝った。ただ、われわれとしては自分たちが目指したことを計画した通り成し遂げたことに変わりはない」

　信仰の人ウィルソンの言葉は事態を正当に記述している。

極点で

　一七日の夜、繰り返し天測を実施して正確な南極点の位置を定めた。[42] そして一八日の朝その地点へ向かっていくと、途中に小さなテントが張ってあった。それはノルウェー隊が予備に持ってきた小テントで、

ノルウェー隊の黒旗（ウィルソンのスケッチ）

極点で（左からオーツ、バワズ、スコット、ウィルソン、エバンズ兵曹）

目印として残したものだった[43]。「優れたテントだ」とスコットは書いている。テントの中に極点へ来た五人のノルウェー人の名前が記されていた。そしてスコットあてにアムンセンの書き置きがあった。「何と、ホーコン王あての手紙を私の手で送ってほしいと依頼している！」とスコットは驚き、とまどっている。

アムンセンの意図は彼の著書『南極点』に見ることができる。

「テントの中に――小袋に入れて――国王陛下あてにわれわれの業績を記した一通の手紙を残した。故国までの道は遠く、途中いろいろのことが起こってわれわれがみずから探検の模様を知らせることができなくなるかもしれなかった」

そういう場合に備えて、自分たちが初到達を果たした記録を、すぐあとから来るはずのスコットに持ち帰ってもらおうとしたのだった[44]。

スコットたちは自分たちの測定による極点の位置へ着いてそこを極点野営地とした。そして「雪塚を築き、不憫《ふびん》にも肩身の狭そうなイギリス国旗を立てて一同で撮影した」。ここで天測をした結果まだ少し極点からはずれていたので、昼食後、国旗を約一・四キロメートル北へ移して正確を期した。

極点野営地から九〇〇メートルほどのところに黒い旗が立っているのが見えた。
「察するにノルウェー隊ができるかぎり正確に極点を印す意図で立てたものだろう。それにつけた書き置きに、テントは極点から二（地理）マイル（三・七キロメートル）離れているとあった。この書き置きはウィルソンが保管している。先着者たちが目標を十分に確認し、完全に計画を遂行したことにいささかの疑いもない」

帰り旅・高原とビアドモア氷河（一九一二年一月〜二月）

こうして一月一八日の午後、一行は帰途につき、極点野営地から北へ一一・五キロメートル進んで野営した。

三度補給所まで

「さて、われわれは無念の思いを抱いていま宿願の目的地をあとにした。これからまるまる八〇〇（地理）マイル（一四八〇キロメートル）のそり引きに立ち向かわねばならない――さまざまな夢想ともおさらばだ！」

翌日（一月一九日）、最初に発見したノルウェー隊の黒旗のところまで来ると、その旗ざおをもらい、それを帆柱にしてそりに帆を立て、風の力を利用して進んだ。路面は一部では空から降った微粒の氷の結晶に覆われていて、そういうところでは摩擦が大きく、帆がいっぱいに風をはらんでいるのに苦しいそり引きをさせられた。しかし順調に進めるところもあって、二〇日の昼食時に最終補給所へ達し、四日分の食糧を得た。

一月二一日にはブリザードで午前中停滞した。強い追い風は行進には好都合だったが、地吹雪《じふぶき》のために視界が利かず、針路が取れないからだった。停滞したり進度が伸び悩んだりすると食糧不足に陥る。それが常にスコットの気がかりである。

一月二二日には八時に出発して正味九時間行進し、二七キロメートル進んだ。「しかし何ともひどい骨折り仕事だった」。そして夜には気温がこれまでで最低の摂氏マイナス三四・四度になった。

一月二三日には途中から強い風を帆に受けて非常な速さで進んだが、エバンズの鼻が凍傷になったので早めに野営した。エバンズは手の指も凍傷で腫《は》れ、このころには全体に体調がかなり悪くなっていた。オーツも足が凍えやすくなっていた。

一月二四日も午後はブリザードのために停滞したので、予定の一度半補給所まで進めなかった。「極点を発《た》ってから今度が二度目の完全な強風だ。これはどうもいい気持ちがしない。天気が変わり始めているのだろうか。もしそうなら、乏しい食糧で高原の途方もなく厳しい旅をしなければならないわれわれに、どうか神の加護がありますように」

一月二五日には、ブリザードの雪に埋まったそりを掘り出したり、テントを片付けたりするのに長時間かかり、ようやく一一時ごろになって出発できた。そして二時半ごろに一度半補給所が見つかってスコットはほっとした。

しかし心配は絶えない。「一つだけどうしても気がかりなのは三度補給所が見つかるかどうかだ」。大雪原の中で目標物を見つけるのは困難なことが多い。帰り旅では往路の跡があるが、吹きだまりで消されていることもあり、また明かりが悪いと見えない。往路で築いた目印の雪塚もあったが(このあたりでは七・四キロメートル間隔で)、視界が悪くて見つからないこともあった。

一月二七日には荒海のようなサスツルギ地帯を進んだ。一日の大部分は、わずかに残る往路の跡をたどって進んだが、ときどき跡を探し歩くこともあった。ただ天気はよく、また一日中南から風が吹いて助けになった。

次第に空腹が強まり、みんな痩《や》せてきた。ことにエバンズがそうだった。

一月二九日には風が大いに助けになった。往路の跡もよく見え、三六キロメートルという「素晴らしい行進」ができた。そして昼食少し前に第二支援班が引き返したところまで来た。したがって、ここからは通り跡が三本あることになった。

次の三〇日にも良好な行進ができたが、ウィルソンが前の日にすねを傷めたため、この日はそり引きができなかった。またエバンズも爪が剝《は》がれかけ、手はひどい有様になってきた。そして気落ちして元気がなくなった。

一月三一日に、行進の途中で三度補給所へ着いて物資を回収し、ここから食事を少し増量した。

午後にはバワズのスキーも回収できてスコットは安堵《あんど》した。この日もウィルソンがそり引きができないので四人で引いた。ウィルソンはそりの脇をなるべく静かに歩いた。

上氷河補給所まで

二月一日には風が弱く、路面はざらざらの雪で、行進は苦しい労働だった。ウィルソンの脚はだいぶよくなった。

二月二日には強い南風を受け、急な下り坂もあってどんどん進んだが、午後スコットがつるつるの路面で転倒し、肩を強く打って傷めた。「五人のうち三人までが傷病者で、それにこれから道は最大の難所だ」とスコットは悲観的になっている。

二月三日には下り坂を帆をつけてゆるゆると進んだ。ときどき往路の跡を探すのに時間を取られてスコットはじりじりした。そのため午後は、跡を見失ったときは探さずに、できるだけ急いで真北へ進んだ。

二月四日には、昼食直前にスコットとエバンズが一緒にクレバスへ腰まで落ちた。エバンズは二度目だった。午後は堅くてぴかぴかの下り道をスキーで順調に進んだ。標高が下がり、二六三〇メートルになった。そして山々の頂が見えてきた。

ウィルソンの脚とスコットの肩はかなりよくなった。しかしエバンズの状態は思わしくなく、「鈍感になり、作業もできなくなってきた」。

二月五日には大きなクレバスが多くて難儀した。ビアドモア氷河の手前の乱氷地帯へさしかかってきたのだ。次の六日にもクレバスとサスツルギが続き、逆戻りしたり進路を変えたりして苦闘した。そして「食糧が乏しく天気が不安定なので、一日のうち何時間も心配のし続けだ」った。この日はダーウィン山、バックレー山、ドミニオン山脈などがよく見えた。

二月七日には、堅いサスツルギに覆われた斜面や段々を下る苦しい行進だったが、夕方、上氷河補給所がたやすく見つかった。これで高原の帰り旅は終わり、スコットは次のように気持ちをまとめている。

「ここに記した諸事実が、両探検隊とも極点へ達したことの絶対の証拠となり、そして初到達の問題を議論の余地なく明確にしていて、それを記録できるのは満足なことだ」

自分たちの旅が無駄ではなかったことを自分に納得させているようだ。北極点初到達をめぐるクックとピアリーの問題がこのときスコットの頭にあったのだと思われる（注(14)参照）。

ビアドモア氷河を下る

二月八日には、食糧の計量や種々の整備をしてから出発した。ダーウィン山の方向へ進み、そこの露岩へ近づいたとき、足の悪いウィルソンに代わってバワズが地質標本の採集に行った。また、バックレー山の麓のモレーンへも立ち寄り、風の当たらないところで野営して昼食をし、午後は地質調査をして過ごした。「実に興味深かった」

とスコットは書いている。ウィルソンは化石を数個見つけた。露岩の上は暖かく、靴下などを岩の上に広げて乾かした。エバンズはこの日はそりから離れて一人で後ろからついてきた。

　二月九日にも途中で地質調査をし、ウィルソンはよい標本を手に入れた。行進はこの日も次の一〇日もわりあい順調だったが、一〇日の午後の後半には視界が悪化し、スコットは心配になった。

　二月一一日は「旅行中最悪の一日」になった。明かりが悪く、薄暗い中で大乱氷へまぎれ込み、右往左往しながらスキーで転げ落ちるように進んだ。「気力が挫《くじ》けそうになった」。その後つるつるの路面へ行き当たり、スキーでは進めないので徒歩に替えると、「一分ごとにクレバスへ落ちた――事故が起きなかったのは実に幸運だった」。一二時間行進して野営したが、中氷河補給所まではまだ遠いので、夕食は量を切り詰めた。

　二月一二日には午前中は順調に進み、補給所から一つ手前の往路の野営地が見つかってほっとした。しかし昼食後の行進ではクレバスの迷路へまぎれ込んで針路がわからなくなり、何時間もさまよった。そして午後九時には「最悪のところへぶつかり」、進退きわまって野営した。補給所の方向もはっきりせず、食糧はあと一食分しかなかった。

　二月一三日には濃霧のために出発が遅れた。九時に起きて乾パン一枚とお茶だけの朝食をして出発した。最初は氷塊が恐ろしくひしめく中を右往左往しながら進んだが、やがて路面が急速に好転してきた。ようやく中氷河補給所の旗が見つかり、「言い知れぬ安堵のうちに、間もなく三日半の食糧を手に入れた」。

二月一四日は天気がよく、行進はかなり順調だった。しかしみんな体力が衰えて力いっぱい引けなくなっていた。全体に動きが鈍りがちで、野営作業をするのにも手間取った。エバンズはもう作業を手伝う体力がなくなっていた。そして行進中に彼がアイゼンを着け直さなければならないので、進度が妨げられるようになった。

二月一五日も苦しい行進だったが、二五キロメートル進んだ。しかし夕食には食事を切り詰めた。ウィルソンの日記によると、乾パン一枚と薄いペミカンスープだけだった。「相当まいってきた」とスコットは書いている。

二月一六日にはエバンズはいよいよ心配な状態になってきた。「一同の見るところエバンズは頭がほとんどいかれている。いつもの独立独行の人とはすっかり変わってしまい、どうしようもなくなってきた。今日は午前も午後も些細《ささい》なことで行進を停止させた」。ウィルソンの日記には、午後の行進を始めて三時間一五分後にエバンズがへたばり、そりの脇を歩くこともできなくなったので野営した、とある。

病人をかかえてスコットは心細くなってきた。しかし「難事に中途半端に対処するのは無益だ」と自分を励ましている。

二月一七日。スコットはこの日の日記を「恐ろしい一日だった」と書き始めて、エバンズの死について記録している。

エバンズの死

朝、エバンズはわりあい元気に自分の位置の引き綱について出発した。ところがその後二度、彼はスキー靴がゆるんだためにそりから離れ、二度目に離れたときは大きく遅れた。ほかの四人はやがて野営して先に昼食をとった。食事を終わって外へ出てみるとエバンズがまだ遠くにいるので心配になり、みんなで彼のところへ向かった。

最初に行き着いたスコットは「エバンズの様子を見てぎょっとした。服を乱して両膝をつき、むき出しにした両手は凍傷にかかり、狂ったような目付きをしていた。どうしたのだと尋ねると、彼はのろのろした口調で、自分でもわからないがきっと気絶していたのだと思う、と答えた。みんなで助けて立たせたが、二、三歩進むとまたへたり込んでしまった。どう見ても完全に虚脱状態だった」。

そりを取ってきて彼を乗せ、テントへ収容したときには完全に昏睡《こんすい》状態に陥っていた。そして午前一二時三〇分（ウィルソンの日記では午後一〇時ごろ）に息を引き取った。

「症状について話し合ってみると、彼が衰え始めたのは極点へ着く直前だった。衰えが早まったのは、まず指の凍傷で動揺したこと、次に氷河の苦しい旅でクレバスに落ちたこと、それに加えて自信をすっかりなくしたことのためだと思われる。ウィルソンの考えでは、クレバスへ落ちたとききっと脳を傷めたのだろうという。こんなふうに一人の仲間を失うのは恐ろしいが、静かに顧みると、この一週間のはなはだしい心配からすればこれにまさる結末はありえなかったのがわかる」

エバンズ兵曹は大きくてたくましい体格の持ち主だった。それだけに、食事の量がほかの人と同じでは体がもたなかったのに違いない、とチェリー‐ガラードは推測している。(45)

残った四人は寝袋に入って一、二時間休んだ。それから野営をたたみ、氷脈を越えながら下っていくと、下氷河補給所がたやすく見つかった。これで一行はビアドモア氷河を下り終えた。

帰り旅・バリア（一九一二年二月〜三月）

二月一八日に下氷河補給所で五時間睡眠をとったあと、氷河の西の山あいを越えて氷河から出、往路で最後に馬を殺した野営地へ着いた。「ここには馬肉がたっぷりあって上等の夕食をした」。食糧の点では前途は明るくなった感じだが、スコットにはこれからのバリアの路面が心配だった。

中バリア補給所まで

二月一九日。睡眠時間を長く取ったのと、そりをここにあった予備のものと交換して荷積みをする作業とで、出発が正午過ぎになった。ざらざらの雪の、滑りの悪い路面で苦闘しながら、八・五キロメートル進んだ。

二月二〇日。ひどい路面を懸命に引いて昼食前に、往路でブリザードのため四日間停滞した野営地に着いた。みんな体力が衰えてきた。「われわれには前ほどの元気はなく、また季節も足早に進んでいることだから、どうかもっとよい旅ができますように」とスコットは祈っている。一日の行程一三キロメートル。

二月二一日は薄暗い本曇りの日になった。行進の途中で通り跡を見失ったが、やがて馬の風よけ用の雪の塀が見つかり、最後には馬そりの跡も見つかった。しかし路面は雪が深くて行進は苦しく、距離が稼げなかった。行程一五・八キロメートル。スコットは状況の好転をひたすら祈っている。

二月二二日には出発して間もなく路面を這う地吹雪が吹き始めて通り跡が消され、あるはずの雪塚も見えないまま進んだ。次の二三日には晴れて風もほぼ落ち、途中、雪塚が二つ見つかり、七時間で一五・二キロメートル進んだ。そして二四日の午前の半ばごろ南バリア補給所に着いた。しかしそこの補給物資の石油の量が予定より少なかった。

食糧は規定の旅行食のほかに馬肉がまだあったので助かっていた。「季節の進みと厳しい条件を相手に、われわれの元気とよい食事がいつまで続くかの競争だ」。

先に通過していった支援各班の書き置きのうち、第二支援班のエバンズ（大尉）のものはあまり元気がなく、何か気がかりなことがあったのに違いないとスコットは感じた。実はエバンズは帰途このあたりですでに壊血病にかかっていたのだった。

二月二五日のスコットの日記には読む者に意外に思えることが出てくる。「バワズが不手際なので注意すると気を悪くした」というのである。これまでは、スコットの日記に見られるバワズの記録は絶賛ともいうべきものがほとんどだった。有能で率先して働くバワズに何があったのか。日記の文脈から見ると「不手際」というのはスキーのことらしい。苦しい状況の中で、スコットのいらだちやすく怒りっぽい性分が顔を出したのであろう。

二月二六、二七、二八、二九日とよい天気が続き、目印の雪塚も次々に見つかって、毎日二一〜二二キロメートル進んだ。しかし二六日の夜から気温がぐっと下がり、寒さがこたえるようになった。二七日の夜には摂氏マイナス四〇度を下回り、二八日の朝マイナス三五・六度の中を行進し始めたときには「体がなえそうになった」。

犬ぞりが出迎える予定になっていたので、そろそろ期待され、話題になった。

苦行のようなそり引きのあと、スコットは毎夜あるいは昼食時と夜に、丹念にその日の記録をつけているが、二九日からは記入は昼食時だけになっている。夜は疲れて書けなくなったのだろう。ちなみにウィルソンの日記は二月二七日で終わっている。医師として体の悪い仲間を献身的に世話していたので、日記をつける余力がなくなったようである[46]。

三月一日の午後、中バリア補給所へ着いた。しかしふたたび石油が不足していた。寒さが厳しくなってきたところへ燃料の不足は打撃だった[47]。また、凍傷にかかっていたオーツの足が数日来の急激な寒さのために悪化した。これも一行には打撃となった。足の悪い隊員がいると進みが妨げられるからだ。

苦しい行進を続ける

三月二日は、寒さが厳しいうえに天気も悪くなって暗い日になり、午前中は雪塚も通り跡も見えず、路面も悪くて、強い風を帆いっぱいに受けていたのに進みはよくなかった。「行進時間を延長する力はとてもなく、寒さも恐ろしくこたえ、まったく追い詰められた感じだ」。しかし午後には通り跡が見えてきて一日で一八・五キロメートル進んだ。

三月三日には出発一時間後から路面が悪化し、進み続けることができなくなり、ついに途中で野営した。「このごろは良質の堅い路面なのだが、それを羊毛のような結晶が薄く覆って」いて、「滑走面に信じられないほど摩擦を起こす」。

三月四日も、路面がざらざらの霧氷に覆われていてそりが滑らず、午前中は距離が稼げなかった。スコットは悲観的になってきたが、ウィルソンとバワズの朗らかな態度に助けられた。午後は順風があって進みはいくらかよかった。しかし夕食には「ココア一杯と少し温めただけのペミカンをかじって就寝した」。燃料が不足していてスープがつくれなかったからで、そういう食事は体にこたえた。

三月五日。「神助あれと祈りつつ、疲れた体でとぼとぼと、寒く……みじめな思いをしながら歩き続けるしか」なかった。しかしテントの中ではみんなは朗らかにしていて、さまざまな話題を話し合っていた。

オーツは足の凍傷が痛ましい状態になってきて、六日にはそり引きができなかった。よほど痛いはずなのに「一言も弱音を吐かない」とスコットはその剛毅《ごうき》さに感嘆している。しかし、七日、八日と彼の状態が悪化し、それは当然、一行の進みを遅らせた。

三月九日にようやく次の補給所（フーパー山補給所）へ着いた。だが、頼みの綱の犬ぞりは来た様子がなく、そして「物資はことごとく不足していた」（一五〇ページ参照）。

三月一〇日には、出発して三〇分すると逆風のブリザードが吹き始め、進めなくなって野営した。三月一一日にはオーツの状態が大変悪くなった。みんなで事態を相談したが、オーツには「行けるかぎり前進するよう勧めるほかなかった」。

相談のあと、スコットは医師のウィルソンに命じて、各人に「苦しみを終わらせる」ものを配給させた。ウィルソン以外の三人はアヘンを三〇錠もらい、ウィルソンは残ったモルヒネを取った。「われわれの物語の悲しい一面だ」とスコットは書いている。

この日スコットは、翌朝の出発から次の補給所（一トン補給所）までの行進の予想の計算をした。そこまでは五五地理マイル（一〇二キロメートル）あった。一日に六地理マイル（一一・一キロメートル）進めるとして、手持ちの七日分の食糧ではそこまで行き着けない計算になった。

三月一二日。補給所まで「行けるか怪しい。路面は相変わらずひどく、寒さは厳しく、体は衰えてゆく。どうか神助がありますように」。

三月一三日には、強い北風のために朝は出発できず、午後二時まで野営し、そのあと出発して九・七キロメートル進んだ。

三月一四日には南の風を帆に受けて良好な速さで進んだ。しかし途中で風が変わり、寒さがこたえるようになって野営した。ようやくテントを張って中へ入ったときには、みんな死人のように冷えていた。

「その後、いま真昼の気温がマイナス四三度（摂氏マイナス四一・七度）まで下がり、風も強い。われわれはなんとしても進まなくてはならないが、これからはテントを張るのが一回ごとに難しく危険になるに違いない。最後が近いことは間違いない。しかしそうなるほうがありがたいかもしれない。

気の毒にもオーツは足がまた悪化した。明日はどうなるかと思うとぞっとする。あとの者が凍傷にかからないでいるのは懸命に注意しているからこそだ。この季節にこういう気温になり、こういう風が吹こうとは思いもよらなかった。テントの外は真に厳しい状態だ。最後の一枚の乾パンまで闘い抜かなくてはならないが、食事を切り詰めるわけにはいかない」

次には日付がはっきりしなくなった。「三月一六日・金曜、あるいは一七日・土曜。日付がわからなくなったが、あとのが正しいと思う」。そして、ここでついにオーツが最期を迎えた。スコットはそのときの様子をいつもより大きな文字で次のように記録している。

オーツの最期

「いたるところ悲劇だ。一昨日昼食のとき、かわいそうにタイタス・オーツがもう歩けないと言った。寝袋に入ったまま置き去りにしてほしいと言うのだ。それはできない相談で、われわれは午後の行進にもついてくるよう勧めた。彼にとっては大変だったろうががんばり続け、われわれは数マイル進んだ。夜、彼はいちだんと悪化し、われわれもいよいよ最後だと悟った。

この日記が発見される場合を考え、次の事実を記録しておきたい。オーツの最後の思いは母堂のうえにあった。しかしその直前までは自分が自若として死を迎えた様子に自分の連隊は満足するだろうと誇らしく考えていた。

われわれは彼の勇敢を証言することができる。彼は極度の苦痛を一言の弱音も吐かず数週間にわたって耐えてきた。そして最後のきわまでほかの話題を論じ合う余裕をもち、また進んでそれをしていた。彼は本当に最後まであきらめなかった——あきらめようとしなかった。勇者であった。

彼の最期は次のようであった。一昨夜、もう目が覚めないよう願いながら彼は一晩眠った(48)。しかし朝になると目が覚めた——昨日の朝である。ブリザードになっていた。『ちょっと外へ行ってくる。しばらくかかるかもしれない』。そう言って彼はブリザードの中へ出ていった。それきりわれわれは彼の姿を見なくなったのである」

野営中、特に仕事がないのにテントから外へ出るのは通常は用便のためである。スコットが春の旅行で「野営生活は私にはよく合う。ただ夜外へ出るのが困る！　昨夜など三回だ」と書いているのもそれであろう。オーツが外へ行ってくると言ったのも、表面はその意味だっただろう。しかしそれが口実であることはほかの三人も察知した。

「オーツが死を求めて外へ出ようとしているのはわれわれにはわかった。そして彼を思いとどまらせようとしながらも、彼の行為が勇者の、そしてイギリス紳士の行為であることを承知していた。残るわれわれも同じ気概をもって最期に臨みたいと思っており、その最期も決して遠くない」

最後の行進

このあと三人は往路で一トン補給所から二つ南の野営地までたどり着き、荷を軽くするために、そこに経緯儀、写真機、およびオーツの寝袋を残した（一七日）。いなくなったオーツの寝袋をそこまで運んできたのは、チェリー－ガラードの推測によると、万一オーツが途中で見つかった場合に備えるためだった(49)。

三月一八日の昼食時には、一トン補給所まであと三九キロメートルのところまで来た。

「不運が迫っているが好転もあるかもしれない。昨日は逆風と地吹雪がいちだんと激しかった。行進を中止せざるをえなかった。北西の風、風力四、気温マイナス三五度（摂氏マイナス三七・二度）。人間の立ち向かえるものでなく、それにわれわれは力尽きようとしている」

スコットは前夜、激しい消化不良を起こし、一晩中腹痛で眠れなかった。また、起きて行進を始めようとすると、右足の指がほぼ全部凍傷にやられているのがわかった。「わずかな不注意で片足が考えるのも不愉快なことになった」。そして「もうだめだと感じた」。

この日の夜、三人は「苦労してテントを張り、冷たいペミカンと乾パンと、アルコールランプにかけて入れたコップ半分のココアで夕食を終えるまではなはだしく寒かった。その後、思いがけず体が温まり、みんなよく眠った」。

翌三月一九日の昼食時には、補給所まであと一五・五地理マイル（二八・七キロメートル）のところまで来た。「三日あれば行き着けるはずだ。何とのろいことか！　食糧は二日分あるが燃料はかつかつ一日分しかない」。

三月二〇日には日記の記入がない。二一日から二三日までは次のようである。

「三月二一日・水曜。月曜（一九日）の夜、補給所まで一一（地理）マイル（二〇・四キロメートル）の地点へ達した。昨日は猛烈なブリザードで一日中閉じこもっていなければならなかった。今日は一縷《いちる》の望みをかけてウィルソンとバワズが補給所へ燃料を取りに行く予定。

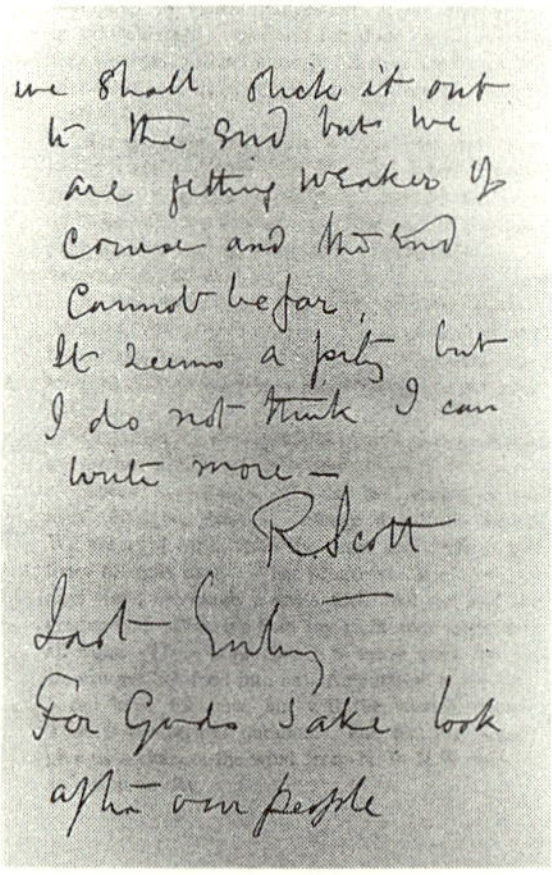
we shall stick it out
to the end but we
are getting weaker of
course and the end
cannot be far.
It seems a pity but
I do not think I can
write more —
R. Scott
Last entry —
For Gods sake look
after our people

スコットの日記の最終ページ

二二日および二三日。相変わらずブリザードがひどい――ウィルソンとバワズ出発できず――明日が最後の機会――燃料は尽き、食べ物が一、二残るきり――間違いなく終わりが近い。終わりは自然に任せることに決めた――荷物を持って、あるいは持たずに、補給所へ向かって行進し、路上で死ぬことになろう」

自然に任せるというのは、三月一一日に記述のある「苦しみを終わらせる」ための薬物を使用しないということだと思われる。

二四日から二八日まで日記は途絶える。おそらくその間、家族、友人、知人への遺書や別れの手紙、「一般社会に対するメッセージ」などを書いていたのであろう。そして最後の記入となる。それはいつもの二倍の大きさの字で書かれている。

「三月二九日。二一日以来ずっと西南西および南西の強風が吹き続いている。二〇日には一人あて二杯の茶を入れる燃料と、かつかつ二日分の食糧があった。一一マイル先の補給所へ向かって出発すべく毎日待ち構えている。しかしテントの外は相変わらず渦巻く地吹雪だ。もはや好転は望めまい。最後まであきらめないつもりだが、言うまでもなく一同衰えていくばかりだし、最後も決して遠くない。

残念ながらこれ以上書けそうにない――

最後に
どうかわれわれの家族をよろしく」

R・スコット

こうして極点まで行った一行五人は、帰途全滅した。(50)

第四章　テラ・ノバ号の南極探検――第二次探検（二）

支援班の帰り旅(1)（一九一一年一一月～一九一二年二月）

スコット自身の行動は終わった。しかし、この探検はスコットが計画し実施していた探検であるから、それを最後まで見届けないとスコットの物語も完結しないだろう。まず、極点旅行に参加して補給物資を運び、途中から引き返した人々について見なければならない。

雪上車班と犬ぞり班

極点旅行に出発した一六人のうち最初に引き返したのは、元雪上車班のデイとフーパーだった。彼らは一一月二四日に南緯八一度一五分あたりで帰途につき、一二月二一日にエバンズ岬の基地に帰り着いた。彼らは衰弱した二匹の犬を連れ帰った。

次いで一二月一一日に、ビアドモア氷河の麓《ふもと》の、下氷河補給所の少し南（南緯八三度三五分）から、犬ぞり班のミアズとドミートリが犬を連れて引き返していった。彼らは一九一二年一月五日にエバンズ岬の基地へ帰り着いた。彼らは途中、崩れたり雪に埋もれたりして見つけにくくなっている雪塚《ゆきづか》を築き直しながら帰った。それはあとから来る三つの班に大変助けになった。

第一支援班　一二月二二日に、ビアドモア氷河の頂上の上氷河補給所（南緯八五度七分）から、第一支援班の四人、アトキンソン、チェリー－ガラード、ライト、コヘインが引き返した。責任者はアトキンソンで、ライトが針路を取った。一行は六日あまりで氷河を下り、七日目にバリアへ出た。

先に氷河の下流から帰っていった犬ぞり班の二人が、犬の進みが予想外に悪くて旅が長引いたために食糧が足りなくなり、フーパー山補給所で各班の帰りの分から少しずつ取ってあった。また、彼らの帰りが遅れ、彼らが実施する予定になっていた一トン補給所への物資の再補給ができないかもしれないと考えられたので、以後、第一支援班の四人は空腹を我慢して食糧を節約しながら旅をした。しかし一月一五日に一トン補給所へ着いてみると、うれしいことに補給がしてあった。第一支援班は一九一二年一月二八日にエバンズ岬の基地へ帰り着いた。

第二支援班　一月四日に、南緯八七度三二分から、エバンズ（大尉）、ラッシリー、クリーンの三人が引き返した。前の日の朝スコットがエバンズのテントへ行って三人に帰ってもらうことを告げてあった。ラッシリーの日記によると、(2) そのときスコットは三人とねんごろに語り合い、彼らに対して支援を心から感謝した。

第二支援班の三人は高原はどうにか日程通り進み終えたが、四人でなく三人によるそり引きの旅ははなはだ厳しいものになった。そしてビアドモア氷河では、中氷河補給所の手前でクレバスだらけの大乱氷《らんぴょう》地帯に行き当たり、無事だったのが不思議なくらい危険なところを二日間進んで、ようやく補給所へたどり着くことができた。

一月二二日に氷河を下り切ってバリアへ出た。このころからエバンズ（大尉）に壊血病の兆候が現われてきた。そして一月二七日ごろからは下痢をするようになり、そのためにときどき行進が中断されるので進みが妨げられるようになった。二月三日にはエバンズは足が上がらなくなり、朝出発のときにはラッシリーとクリーンとで彼をスキーに乗せ、締め具を着けてやらなければならなかった。

二月八日にはエバンズはたくさん下血し、事態は悪化した。しかし翌九日には期待通り一トン補給所へ行き着くことができ、そこにあったオートミールをたっぷり食べた。それまでとは違うものが食べられるのは素晴らしかった。エバンズは悪化の一途をたどっていてよほど苦しいはずなのに、弱音を吐かず少しでも作業を手伝おうとした。幸いあとの二人はまだ元気で、それはラッシリーにはありがたかった。

エバンズ（大尉）をそりで運ぶ　二月一一日には、旅を急ぐために不急の荷物を下ろしてそりを軽くした。しかし一三日にはついにエバンズは歩けなくなった。彼は自分を置いていくよう二人に命じたが、二人は従わなかった[3]。彼らは寝袋、クッカー（なべ）、食糧、および石油以外の荷物をすべて下ろし、エバンズをそりに乗せた。

ここでラッシリーが靴下を履き替えたとき足に凍傷を受けた。それを回復させるために、エバンズが自分の腹に患部を当てるように言った（肌に直接当てて温める）。病気の人にそういうことをするのはためらわれたが、思い切ってやらせてもらったら、うまく回復した。凍傷が悪化すれば、ラッシリー自身生還が危なくなるのだった。きわどいときの大尉の思いやりは一生忘れないだろう、どこまでも互いに助け合っていける、とラッシリーは思った。

そりは大変重く、進みは悪かった。行進時間を延長しても予定の日程でハット・ポイントまで行き着けそうにないので、一六日には食事を半分に切り詰めた。

一七日に、放棄してある雪上車が見えてきたときは二人はうれしかった。寝袋の口を開いてエバンズにも見せた。雪上車のところに乾パンが少しと石油があった。二人もかなり疲れてきて、もう活力がなくなった感じがしたが、何としても進まなければならないと思った。

一八日の朝にはエバンズはぐったりとなって意識を失った。どうにか意識を回復させ、ブランデーの最後の一滴を与えた。そしてそりに乗せて出発したが、進むのが容易でないので停止して野営し、二人で相談した。相談の結果、ラッシリーが残ってエバンズの介抱をし、クリーンがハット・ポイント（約五五キロメートル先）へ救援を求めて出かけることになった。

クリーンの一人旅

クリーンはエバンズに挨拶《あいさつ》をして一八日の午前一〇時（ラッシリーでは九時ごろ）に出発した。エバンズはクリーンに感謝の言葉を述べ、ラッシリーが開いてくれたテントの出入口から、遠ざかっていくクリーンの後ろ姿を見送った。

クリーンは[4]道中の食糧として乾パン三枚とチョコレート二個を持った。幸い路面はよく、天気もよかった。三〇キロメートルほどは休まず進んだ。そこで五分ほど停止して雪の上に座って乾パン二枚とチョコレートを食べた。体は暖かく、眠くもなかった。

バリアの末端へ着いたのは一九日の午前一二時半ごろだった。疲れて寒くなってきた。そして視界が悪くなり、風も少し吹いてきた。バリアから下りて海氷の上へ出るとつるつる滑り、何度か転倒した。そのころには風が強まり、雪も降り始め、地吹雪《じふぶき》にもなってきた。クリーンは山あい（八七ページ地図参照）のほうへ行こうとしたが初めはそっちへ上がれなかったので、アーミテジ岬を回っていくことにした。しかし海氷がぬかるむので山あいのほうへ戻った。そして山あいの左手へ上がり、観測丘の斜面沿いに登って尾根へ出た。そこからはハット・ポイントがぼんやりと見えた。

丘の風下で腰を下ろし、残り一枚の乾パンを氷のかけらと一緒に食べた。丘から下りて小屋に近づくと、海氷の上にそりがあり、犬もいた。そしていつも人がいるとはかぎらない小屋に幸運にもアトキンソンとドミートリがいた。着いたときは疲れ果てていた。三ヵ月半あまりにわたる厳しい長旅をしたあとの、危険な地域の一人旅を一七、八時間続けたのだった。着いたのは一九日の午前三時半だった。

クリーンが着いた直後から激しいブリザードになったために、すぐには救援に出られず、午後四時半になってようやくアトキンソンとドミートリが二チームの犬ぞりを伴って出発した。

救援が来る

エバンズと一緒に野営地に残ったラッシリーは、真夜中をずっと過ぎるまで天気を心配して起きていた。その間天気がよかったので、クリーンはハット・ポイントへ着いたか、ごく近くまで行ったものと思われた。しかしクレバスへ落ちたかもしれなかった。クリーンはスキーを持たなかったので、その危険が大きかった（スキーは、少しでも身軽になるために、エバンズをそりに乗せたところに置いてきた）。

クリーンを見送ったあと、ラッシリーは二キロメートル足らず先にあるコーナー野営地へ行き、そこにあったバター、チーズ、糖蜜を持ち帰った。それから雪上車のところへも行って石油とバーバリ生地を取ってきた。そして自分たちの居場所を見つけやすくするために、目印としてバーバリ生地を竹ざおにゆわえて立てた。

一日置いて二〇日になった。この日はときどきブリザードになった。そして大変寒かった。天気が悪いので救援は期待できなかった。ところが夕方、突然犬の声がした。飛び出してみるとアトキンソンとドミートリがいた。大急ぎで彼らのテントを張り、彼らが持ってきた食糧を調理してみんなで食べた。ラッシリーは肩から荷が下りた思いだった。

軍医のアトキンソンによると、このときラッシリーがしていたエバンズの介抱は申し分なかったという。ちなみに、ラッシリーは往路で雪上車を放棄したあと、南緯八七度三二分まで人引きそりで往復していて、それは直線距離でも二一〇〇キロメートルに及び、極地探検史上、記録的な人力そり引き旅行となった。

一夜明けて二一日はブリザードが激しくて日中は行動できなかった。ようやく午後九時ごろに風が衰えてきたので、一行は一〇時過ぎに出発し、二二日の午後一時にハット・ポイントへ帰り着いた。

こうして第二支援班の三人は帰還できた。壊血病で危険な状態だったエバンズも、同行の二人に助けられ危ういところで生還できた。エバンズはこのあとテラ・ノバ号で帰国したが、病気回復後、船を指揮して再度南極へやってくることになる。彼はのちに海軍大将の地位にまで進み、貴族に列せられて初代マウントエバンズ男爵となった。しかし彼はラッシリーおよびクリーンのことは生涯忘れず、身分を超えて彼らと交わり、また著書『スコットとともに南極で』を二人に捧げている。

エバンズ岬基地の状況（一九一一年一一月〜一九一二年九月）

ここで時間を大きくさかのぼり、極点へ向かう南進隊が出発したあとのエバンズ岬基地へ戻らなければならない。

第二次西部旅行(5)

一九一一年一〇月二四日から一一月一日の間に南進隊が出発したあと、間もなく、テーラー（責任者）、デベナム、グラン、フォードの四人が、西部地域へ二度目の調査旅行に出発した。この旅行は第一次西部旅行の結果を見て、調査を続ける必要を感じたスコットの考えによるもので、テーラーがスコットの指示に従って実施した。

あらかじめ補給所をつくったあと、一行は一一月一四日に基地を出発してマクマード海峡を西へ横切り（八七ページ地図参照）、バター・ポイントから北へ西部地域の海岸を測量しながら進んだ。ダンロプ島を経由してグラニット・ハーバーまで行くと、そこの一角に拠点を設けた。そしてその入江で測量、地形・地質・氷河の調査、地質標本の採集をし、次に、そこへ流れ込んでいるマケー氷河をさかのぼって同じく測量、調査、採集を行なった。

そのあと、グラニット・ハーバーの入口のロバーツ岬まで戻り、迎えにくる予定のテラ・ノバ号を待った。船は一月二〇日に三〇キロメートルあまり先まで来たが、氷のためにそれ以上は近づけず、数日するうちに姿を消した。そして解氷のきざしも見えないので、一行は二月五日に自分たちで帰り旅を始めた。

帰り旅では、来た道をたどらずに大山麓《さんろく》氷河へ上がり、そこを南へ進んでバーナッキー岬まで行き、そこからは海沿いにニュー・ハーバーの奥を回ってバター・ポイントへ着いた。ここには補給所がつくってあって食糧が十分得られた。次にバター・ポイントの山麓氷河を南へ越え、海氷の上へ出たところで船が来て乗船できた（二月一五日）。三ヵ月のそり引きの旅で四人は「兄弟以上に」親密な仲になった。

エバンズ岬基地の留守班[6]

一九一一年一一月に南進隊と西部班が出発したあと、エバンズ岬の基地には、シンプソン（責任者）、ネルソン、ポンティング、クリソルド、アントンの五人が残った。

気象学者のシンプソンは、その目的である南極の気象観測と磁気の観測を着実に進めていた。ネルソンは無脊椎《むせきつい》動物の研究者で、海洋生物の採集と潮汐《ちょうせき》の観測を続けていた。写真家のポンティングは、アザラシ、ペンギン、トウゾクカモメなどの生態や、基地の近辺の風景、氷山、氷河、雲などの撮影をしていた。クリソルドは、予定では雪上車班の一員として南進隊に加わるはずだったが、出発前に事故にあって体をこわし、まだ回復していなかったので残留した。彼は調理人として

宿舎の暗室のポンティング

宿舎の研究室のシンプソン

の仕事のほかに科学者たちの助手の仕事もしていた。アントンは馬係として雇われたロシア人で、馬のいなくなったこの時期には留守班の給仕役をしていた。

この五人のところへ、一二月二一日にデイとフーパーが、次いで一月五日に犬ぞり班のミアズとドミートリが、南進旅行から帰ってきた。

あとから帰ってくる人々のために、一トン補給所へ物資を補給しておくことになっていた。これは初めの予定では、南進旅行から帰った犬ぞり班が実施することになっていたが、スコットが彼らを予定より遠くまで連れていったのと（第三章注(38)参照）、彼らの帰り旅が思ったほどはかどらなくて遅れたために、間に合わなくなった。そこでデイ、ネルソン、クリソルド、フーパーの四人で、そりを引いて実施した（一二月二六日～一月?・日）。やがて第一支援班のアトキンソン、ライト、チェリー－ガラード、コヘインの四人が帰ってきた（一九一二年一月二八日）。

テラ・ノバ号の来航

そのうち前年いったんニュージーランドへ引き返したテラ・ノバ号がふたたび来航し、まずアデア岬の北部隊をエバンズ入江へ移送した（一九一二年一月八日）。しかしそのあと、氷のためにすぐにはマクマード海峡へ入れず、解氷を待ってようやく二月六日にエバンズ岬基地の近くへ着き、九日から荷揚げを始めた[7]。荷揚げの途中、二月一四日に氷が割れ始めて作業ができなくなったので、船は西部班を迎えに行き、バター・ポイントの近くで彼らを乗せた。

船はそのまま北部隊を収容するためにテラ・ノバ湾のエバンズ入江へ向かった。しかし氷に妨げられてそこへ近づけず、いったんエバンズ岬基地へ戻った（二月二五日）。そしてエバンズ（大尉）の病気を知り、折悪《あ》しく吹き始めた強風の衰えるのを待って二八日にハット・ポイントの近くまで行き、エバンズを収容した。医師のアトキンソンもエバンズに付き添って乗船した。船はすぐにエバンズ岬へ引き返し、残りの物資を陸揚げした。

そのあと船はもう一度、北部隊を収容するためにエバンズ入江へ向かった。しかしそのあたりの氷の状況は相変わらず悪く、どうしても北部隊のいるところへ近づけないので、やむをえずエバンズ岬へ戻った（三月四日）。そして帰国予定者でまだ船に乗っていない人を乗せた。

このとき九人の隊員が帰国した。シンプソン、テーラー、ポンティング、デイ、ミアズ、フォード、クリソルド、アントンおよび病気のエバンズである。帰国者の交替要員として、アーチャーとウィリアムソンが船上隊から陸上隊へ移った。

船は再度ハット・ポイントへ行き、アトキンソンとコヘインを上陸させ（三月四日）、若干の物資も下ろした。そしてもう一度エバンズ入江にいる北部隊の収容を試みるためにテラ・ノバ湾へ向かった。しかしそこでは氷の状態がいちだんと悪化していて、エバンズ入江への接近はまったく不可能だった。まごまごしていると船自体が氷に閉じ込められてしまいかねないので、船上隊はついに北部隊の収容をあきらめ、三月七日に最終的に北へ向かい、ニュージーランド目指して去っていった。

極点班出迎え

スコットたちが極点から帰る旅で犬ぞりの出迎えを話題にしているように、先に帰った犬ぞり班が時期を見計らって極点班を出迎えに行く計画になっていた。そして犬担当のミアズが帰国したので、代わってアトキンソンがそれを実施することになった。アトキンソンは犬ぞりの扱いが上手だった。

一九一二年二月一三日に、アトキンソンは犬係のドミートリと二人で二チームの犬ぞりを伴ってエバンズ岬の基地を出発し、ハット・ポイントの小屋へ移って旅に備えた。基地の南の海氷が割れ始めて道がなくなりそうだったので、早めに移ったのだった。

二人がそこで待機しているところへ、一九日の午前三時半にクリーンが救援を求めてやってきた。そのときの状況はすでに見た。救出したエバンズ（大尉）は重体で、軍医のアトキンソンが付き添う必要があり、極点班の出迎えはまたもやほかの人が代わらなければならなくなった。

ハット・ポイントには代われる人がいなかった。そこで二月二三日にドミートリとクリーンがエバンズ岬の基地へ知らせを持って行き、その夜ライトとチェリー‐ガラードがハット・ポイントへ来た。そしてアトキンソンの判断でチェリー‐ガラードが極点班を出迎えに行くことになった。チェリー‐ガラードも犬ぞりの扱いに慣れていた。

チェリー‐ガラードはドミートリとともに犬ぞりを伴って二月二六日にハット・ポイントを出発した。そして二九日に南緯七九度の近くの断崖《だんがい》岬野営地まで進み、三月三日に一トン補給所へ行き着いた。極点班はまだ来た様子がなく、物資の補給が間に合ったことがわかってチェリー‐ガラードはほっとした。

二人はここで三月九日まで極点班の帰りを待っていた。寒さが厳しく、ドミートリは体調の悪化を訴えた。犬も衰えて毛が薄くなってきた。ここで待っていた六日のうち四日は、行進のまったく不可能な強い向かい風の日か、南へ進んだとしても視界が悪くて、極点班と途中で行き合っても互いに見つけられる見込みのない日だった。あとの二日に、一日行程だけ南へ進むこともできたが、極点班が来れば出会えることが確実な一トン補給所にとどまることにした。

このときチェリー‐ガラードには極点班が窮地に陥っているとは考えられなかった。食糧は十分あるはずだった。馬肉もあった。ただ石油不足については思い及ばなかった。

自分たちと犬の、帰り旅の食糧のぎりぎりまで一トン補給所にとどまったあと、二人は三月一〇日の朝、帰途についた。帰り旅では距離計が壊れていて走行距離がわからなかった。それに視界の悪い日が多くて方角がはっきりせず、たまに見える陸地を頼りに進んだ。またドミートリが衰弱して仕事がだんだんできなくなり、チェリー＝ガラードはひどく心配した。

アーミテジ岬のまわりの海氷は幸い残っていた。そして二人は三月一六日に辛うじてハット・ポイントへ帰着できた。そこにはアトキンソンとコヘインが待っていた。帰ってきた二人は疲れ果てていて、その後しばらくは病人同様の状態が続いた。犬も憔悴《しょうすい》していて当分は使えなくなっていた。

冬の前の最後の努力

三月二六日にアトキンソンはコヘインと二人で、もう一度極点班を出迎える試みをするため、そりを引いてハット・ポイントを出発した。途中、暗い天気で道に迷ったが、三月三〇日にコーナー野営地の数キロメートル南まで達した。しかし天気が悪く低温でもあり、また季節も遅いので、コーナー野営地に食糧を貯蔵してハット・ポイントへ戻った（四月一日帰着）。

いまはもう極点班の生還は絶望と考えられた。そうなると次はエバンズ入江の北部隊の救援を試みなければならなかった。それまでの状況からみて、北部隊は恐らく船に収容されてはいないだろうと思われた。

北の海氷が通れそうになるのを待って、四月一〇日にアトキンソンはコヘインとドミートリを連れてエバンズ岬へ出かけた。基地にいる人々に応援を求めるためだった。

　そして四月一七日にアトキンソン、ライト、ウィリアムソン、コヘインの四人が北部隊救援の旅にハット・ポイントを出発した。海氷の上を西へ進み（八七ページ地図参照）、西部地域の沿岸のエスカーズを経由して、二〇日にバター・ポイントの補給所へ着いた。

　ところがちょうどその直後に、そこから北の氷が割れて流出し始め、北へ行く道は完全に断たれた。陸地は険しくて通れなかった。もう北部隊のいるエバンズ入江へは行けなくなった。一行はやむをえずそこに二週間分の食糧を貯蔵し、できるだけ見つけやすい目印をつけて引き返した。そして四月二三日の夕方ハット・ポイントへ帰り着いた。そこにはチェリー－ガラード、グラン、ドミートリの三人が待っていた。七人はその後四月二八日と五月一日の二度に分かれて全員エバンズ岬の基地へ引き上げた。

二度目の越冬

　こうしてエバンズ岬の基地には一三人が集まった。アトキンソン、チェリー－ガラード、ライト、ネルソン、デベナム、グラン、ラッシリー、コヘイン、クリーン、フーパー、ドミートリ、それに船上隊から移ったアーチャーとウィリアムソンである。南極にはほかに、まだ帰ってこない極点班の五人と、どうなったかわからない北部隊の六人がいた。

基地の一三人は、アトキンソンが指揮して、二度目の越冬生活を始めた。越冬中の日課はできるだけ初年の冬と同じにした。科学上の観測・調査を続行し、講座も開いた。『南極タイムズ』も発行した（この年は一号だけ）。ラバと犬の世話も必要だった。越冬後の行動のために、旅行装備を整える仕事もあった。日曜日には礼拝式をした。娯楽には蓄音機と自動ピアノがあり、夕食後にはバガテル（一種の玉突き）が好まれた。宿舎での人間関係はきわめてよかった。

ラバはオーツの発案によってインドから新たに運ばれてきたもので、七頭いた。これらは後日そり旅行に役立った。犬（カムチャッカ産）も新たに一四匹着いていた。(8) しかしそのうち三匹はすでに死に、あとのものも二、三匹以外はそり引きに適さず、役立たなかった。もとからの犬は二四匹残っていた。

この冬は激しいブリザードが多く、また海がなかなか結氷しなかったために、人にもラバにも運動する機会と場所が少なかった。

越冬後の計画

六月一四日にアトキンソンが全員を集めて越冬後の行動計画を話し、意見を求めた。二つの案が考えられた。

一つは、南へ進んで極点班の最後を見届けることだった。探検の主要部が空白のままにならないようにすることはきわめて重要だった。スコットは補給所ごとに記録を残すのを厳格に守っていた。

だから、極点班の進路のわかっている上氷河補給所までの、いずれかの補給所に記録が残されていないかどうかを確かめ、極点班が極点へ到達したかしなかったかをはっきりさせる努力をするべきだった。上氷河補給所より先は進路はわからなかった(9)。したがって、それより南へ進んでも無駄だった。

もう一つの案は、マクマード海峡の西の海岸を北へ進み、北部隊の救援を試みることだった。北部隊は最終的には船に収容されたかもしれなかったが、そうでない場合はエバンズ入江で予定外の越冬を強いられているはずだった。

二つの案を同時に並行して実施するのは不可能だった。それには人員が足りなかった。また、一つずつ順に実施するには期間が足りなかった。旅行できる期間が限られていたからだ。どちらか一方に決めなければならなかった。極点班の捜索に行った場合、何も見つけられずに無駄になり、その間に、もう少し早ければ間に合ったかもしれない北部隊が全滅するという結果になるかもしれなかった。逆に北部隊の救援に行った場合には、北部隊を救援できても、極点班の努力の結果は永遠に不明となるのだった。問題は「生きているかもしれない人々を見捨てて、死んだことがわかっている人々を探しに行くべきかどうか」(チェリー－ガラード)ということだった。

これは実に難しい問題だった。そのときは状況はほとんどわからず、判断の手がかりがきわめて少なかった。アトキンソンは自分の考えとして、極点班の捜索をするのが絶対に必要だと思う旨を

出発前の極点班捜索隊（前列左よりグラン、ウィリアムソン、コヘイン、ライト、ドミートリ、後列左よりアーチャー（基地に残留）、フーパー、ネルソン、アトキンソン、チェリー-ガラード、ラッシリー、クリーン）

述べたあと、一人ひとりに考えを尋ねた。その結果、意見を述べるのを差し控えた一人を除いて全員がアトキンソンの考えに賛成し、越冬後の夏には極点班捜索の南進旅行を実施することに決まった。

極点班捜索の旅[10]（一九一二年一〇月〜一一月）

一トン補給所へ

上氷河補給所までの旅は三ヵ月にわたる長途の旅なので、あらためて補給所を設けなければならなかった。春の到来とともに行動を起こしてまずハット・ポイントへ補給物資を輸送し、次いでコーナー野営地と、その二二キロメートル南とに補給所をつくった。

一〇月二九日に一一人の捜索隊がラバと犬を連れてハット・ポイントに集結した[11]。そして一〇月三〇日の夕方、ラバ班の八人が七頭のラバに一台ずつそりを引かせてハット・ポイントを出発した。ライトが班長となって針路を決めながら進み、ネルソン、グラン、ラッシリー、クリーン、ウィリアムソン、コヘイン、フーパーがラバの御者を務めた。前年にならって夜間行進で進んだ。夜間といってもこの時期には暗くはならなかった。

一一月一日の夜、アトキンソン、チェリー－ガラード、ドミートリの三人が二チームの犬ぞりを伴ってハット・ポイントを出発し、コーナー野営地を経由して、一一月四日夜の行進で先行のラバ班に追いついた。

一一月一〇日夜から一一日朝の行進で一行は一トン補給所へ着いた。ここには冬の前にチェリー－ガラードとドミートリが犬ぞりで運んだ食糧があった。その食糧に灯油がかかっていた。灯油の赤い缶が目印の助けになるので雪塚の上に置いてあった。その灯油が冬のブリザードのときの急激な気温の上昇であふれ、流れ落ちたためだと思われた。

行進の途中、空に美しい色合いの雲が見られた。バリアは単調なところだが、晴れた日の空の色の趣《おもむき》には無限の変化があって、それは世界のほかのところでは見られない美しさだった。

極点班のテント発見

一一月一一日の夜から一二日の朝にかけての行進で、一トン補給所から二〇・四キロメートル[12]南へ来たところで、極点班のテントが見つかった。先導者のライトがのちに書いた手記によると、発見の瞬間は次のようだった[13]。

「私は自分の決めた針路へ向かって進み続けていた。するとそのとき進行方向の右手に小さな物体が路面に出ているのが目に入った。しかし私は針路を変えずにそのまま進み、その物体とほぼ横並びになるところまで来た……私は調べてみるのがよかろうと心を決めたが、さほど重要なものだとは予想しなかった。だから、ラバ班にはそのまま南へ進ませ、私は一人で二分の一マイル（八〇〇メートル）ほど歩いてそれを調べに行った。見るとそれはテントの端が六インチ（一五センチ）ほど出ているもので、私はぎくっとした……ラバ班を停止させてこっちへ来させようと信号したが、私のアルファベット信号は海軍の人たちには通じず、また、物音を立てるのは神聖を汚すような気がした。私は大聖堂の中にいて、ふと自分が帽子をかぶったままでいるのに気づいたような気持ちだった。

やがて、ラバ班にも、こっちへ来させようという私の意図が通じ、私も彼らのほうへ近づいていった。というのは、テントのそばで野営するのは適切でないと思ったからだった。そして私はアトキンソンと犬ぞり班が来るまではテントに触れてはならないと命令した」

その犬ぞり班のチェリー‐ガラードは次のように書いている。(14)

「犬ぞり班のわれわれは、ライトが一人で針路から逸《そ》れていくのに気づいた。そしてわれわれの前を行くラバ班も右手へ曲がっていった。ライトは雪塚らしいものを見つけ、それからその脇《わき》に黒いものを見つけたのだった。はてな、という漠然とした思いが、徐々に、さては、という強い不安に変わっていった。(15)

みんなが停止しているところへわれわれは追いついた。ライトが近寄ってきて『テントだ』と知らせた。どうして彼にそれがわかったのか私にはいまも謎《なぞ》だ。荒涼とした雪原があるきりだったのだ。われわれの右手に前年の雪塚の名残があった。ちょっと盛り上がっているだけだった。それから竹ざおが三フィート（九〇センチ）、ぽつんと雪の上へ突き出ていた。それから、もう一つ雪の盛り上がりがあった。こちらはいくらか尖《とが》った形をしていたかもしれない。われわれはそこへ近づいた。

　われわれには確かにそうだとはわからなかったと思う――しばらくのことだが――しかしだれかが雪の突起のところへ行ってそこを払いのけると、テントの換気孔の緑色の垂れ布が出てきた。それで下に入口があることがわかった[16]」

　テントの中には三人の遺体があった。中央にスコットが横たわり、その左にウィルソンが頭を入口のほうへ向けて横たわり、そしてバワズがスコットの右に、足を入口のほうへ向けて横たわっていた。チェリー＝ガラードの続きを見よう。

「バワズとウィルソンは寝袋に入って眠っていた。スコットは寝袋のふたを押し広げていた。彼の左腕は生涯の友人だったウィルソンの上に投げかけられていた。寝袋の上端の下、寝袋と床敷きの間に、スコットが日記を入れて持ち歩いていた緑色の小袋があった。その中に数冊の茶色の日記帳が入っていた。そして床敷きの上に数通の手紙があった」

テントはしっかり張ってあり、すべてが整然としていた。スコットのかたわらに空缶でつくったアルコールランプがあった。その明かりを頼りにスコットは書き続けたものと思われた。そして、恐らくスコットが最後に息を引き取ったように見えた[17]。

極点班の墓標

遺体の埋葬

続く場面を捜索隊長アトキンソンの報告に見よう[18]。

「われわれは全員おのおの、遺体を確認した。スコット大佐の日記にこの惨事の原因が書かれていた。私は一同を集め、その原因、エバンズ兵曹の死亡の位置、およびオーツ大尉の立派な最期のくだりを読み聞かせた。

われわれは一行の所持品を残らず収容し、そりと積み荷も掘り出した。積み荷にはビアドモア氷河のモレーンから採集した貴重な地質標本三五ポンド（一六キログラム）も含まれていた。惨事が目前に迫っている折に、標本がいちだんと荷の重量を加えるのを承知で、ウィルソン医師の要請を入れ、文字通り最後まで運んできたものであった。

一切を収容し終わると、われわれは遺体を外テントの布で覆い、埋葬式を執り行なった。それから翌日へかけて、遺体の上に大きな雪塚を築き始めた。雪塚は翌朝ようやく完成し、その上に二本のスキーでつくった素朴な十字架を立てた。さらにその両脇にそりを立て、雪にしっかり固定して目印の補いとした。東側のそりと雪塚との間に竹ざおを一本立て、それに金属の筒をつけてその中に次の記録を残した。

《一九一二年一一月一二日、南緯七九度五〇《ママ》分。この十字架および雪塚は、ビクトリア三級勲位受勲者イギリス海軍スコット大佐、ケンブリッジ大学卒医学士・教養学士E・A・ウィルソン医師、ならびにイギリス海軍インド海兵隊H・R・バワズ大尉の遺体の上に築かれたもので――彼らが極点到達に勇敢にいどみ、それに成功したことをささやかながら長く記念しようとするものである。彼らが極点に到達したのは一九一二年一月一七日で、すでにノルウェー探検隊が到達したあとであった。厳しい天候と燃料不足が一行の死の原因となった。

　彼らの勇敢な僚友二人も合わせてここに記念する。一人はイニスキリング重騎兵連隊L・E・G・オーツ大尉で、この位置より約一八（地理）マイル（三三キロメートル）南において、僚友たちの生還を妨げぬようみずから死を求めてブリザードの中へ歩み去ったのである。いま一人はビアドモア氷河の麓で果てたエドガ＝エバンズ兵曹である。

　主与え給い、主取り給う。主の御名は賛美せられよかし》

　われわれは全員これに署名した」

　このあと捜索隊はオーツの遺体を探すためにさらに南へ向かって進んだ。

一三日の夜から一四日の朝へかけての行進の途中、極点班の最終野営地から二八キロメートルほどのところで、馬の風よけの雪の塀の上に寝袋その他が置いてあるのが見つかった。そして一四日の朝、一行はオーツがテントから出ていったあたりへ着いて彼の遺体を探した。しかしそれは見つからなかった。「すでに雪が覆い隠し、彼にふさわしい埋葬をすませてくれていた」（アトキンソン）。それでオーツが最期を遂げたと判断されるあたりに、彼を記念する雪塚を築いてささやかな十字架を立て、記録を残した。

北部隊の生還

三ヵ月かけて上氷河補給所までの旅を予定していたのが、予想外に早く旅の目的が達せられたので、当然、アトキンソンは心にかかっていた北部隊の救援に直ちに向かうことにした。そして捜索隊は帰途についた。

一一月二五日の朝、アトキンソンたち犬ぞり班が、ラバ班より一足先にハット・ポイントへ帰り着くと、驚いたことに、そしてうれしいことに、小屋には北部隊のキャンベルの手紙があった。これから救援に向かうはずだった北部隊が自力で帰ってきたのだった。北部隊を心配しながらも、極点班の捜索を優先したことは結果的に適切な選択となった。極点班の記録も回収でき、北部隊も無事に帰ってきたのだ。

アトキンソンたちは急いでエバンズ岬へ向かった。そしてその日の夜、基地へ着いて、無事だった北部隊の六人と再会し、午前二時過ぎまで語り合った。

北部隊の行動[19]（一九一一年一月〜一九一二年一一月）

アトキンソンたちが再会を喜んだ北部隊というのは、エバンズ岬基地の本隊とは別行動をした一隊で、キャンベルを隊長とし、軍医のレビク、地質学者のプリーストリ、普通隊員のアボット、ブラウニング、ディカソンの六人から成り立っていた。

別働隊としての北部隊

この隊は計画ではロス・バリア（氷壁）の東部にあるエドワード七世ランドの調査を目的としていたので、初め東部隊と呼ばれた。エドワード七世ランドは、スコットが第一次探検のときに陸地の存在を確認して命名したところだった。そのときは海上から陸地を確認しただけだったので、今度の探検ではそこを実地に調査するためにスコットはこの別働隊を編成した。

東部隊の一行は、一九一一年一月二六日に、エバンズ岬基地の南の氷舌《ひょうぜつ》のところでスコットたち本隊の人々と別れたあと、テラ・ノバ号に乗って二月二日にエドワード七世ランドの近くまで行った。しかし流氷と氷壁に阻まれてそこでは上陸できなかった。

鯨湾のフラム号（左はテラ・ノバ号）

ノルウェー隊と出会う

彼らはやむなくそこから引き返し、上陸できそうな入江を探しながらロス・バリア沿いに西へ進んだ。そして二月三日の午後九時ごろ、スコットたちが第一次探検のときに上陸した気球入江のあたりへ来た。しかしバリアの氷が大きく割れて気球入江はなくなっていた。午後一二時ごろ、大きな湾（鯨湾）へ入っていくと、驚いたことにそこにはアムンセンのフラム号が停泊していた。イギリス隊はアムンセンの率いるノルウェー隊が南極へ向かったことは知っていたが、南極のどこへ来たかは知らなかった（第三章注(20)参照）。

イギリス隊はフラム号の近くの氷に船を着け、挨拶の旗を掲げた。フラム号でもそれに応答して旗を掲げた。そしてキャンベルとペネルがフラム号を訪問すると、ニルセン船長がいて、アムンセンは六時ごろに船へ来ると告げた。それで六時過ぎに再度フラム号へ行ってアムンセンに会った。

そのあと、アムンセンの招きに応じてキャンベル、ペネル、レビクの三人がノルウェー隊の基地フラムハイムへ行った。基地にはかなり大きな宿舎があり、戸外に数張りのテントも張ってあった。そしてまわりに一一六匹の立派なグリーンランド犬がつながれていた。三人はコーヒーのもてなしを受け、基地を案内されたあと、今度はアムンセンとほかの二人をテラ・ノバ号へ招いて昼食の供応をした。
それから双方の隊員たちが相手方の船を見学した。プリーストリによると、ノルウェー隊の隊員たちはそれぞれはっきり特徴のある個性を持ち、強靭《きょうじん》で、艱難《かんなん》に鍛えられており、脚力に優れ、愛想がよく、陽気な人々という印象を与えた。またノルウェー隊の多数の犬と、それらの訓練が行き届いているのに目を見張った。容易ならぬライバルが立ち現われたことにイギリス隊の人々は少なからず不安を感じた。
このときの両隊の出会いは表面的には友好的だったが、感情においては疑念とわだかまりがあったようである。ノルウェー隊のヤーツェン大尉によると、フラム号の見張り番をしていた隊員は、テラ・ノバ号から人が近づいてくるのを認めると急いで銃を用意して警戒したという。[20] 一方、イギリス隊のブルース大尉の手紙によると、フラム号がいることがわかったとき、テラ・ノバ号ではそこらじゅうでののしりの言葉が聞かれた、ということである。[21]
東部隊の目的のエドワード七世ランドの探検は鯨湾からでも可能で、アムンセンも遠回しにキャンベルにそれを勧めたという。[22] しかしノルウェー隊のいる鯨湾に基地をつくって行動するという状況ではなかった。[23]
鯨湾のほかには基地をつくれそうな入江は見つからず、東部隊は失望のうちにエバンズ岬へ戻った（二月八日）。そして連れていた二頭の馬を基地に返し、報告の手紙をハット・ポイントへ届けたあと、新しい目的地である南ビクトリア・ランドの北部地域へ向かった。

新たな目的地の北部地域では、キャンベルはできるだけ西へ行って基地をつくりたかった。しかし西では上陸できそうなところが見つからず、結局、一八九九年にサザン・クロス号探検隊が越冬したアデア岬を基地に決め、二月一八日にそこへ上陸した。

アデア岬へ

船は大急ぎで荷揚げをしたあと、計画に従って西へ向かった。そしてノース岬の西の未探検の海域へ入って、二月二二日に南緯六九度一〇分、東経一六四度三〇分のあたりで新陸地を発見し、そこをオーツ大尉の名にちなんでオーツ・ランドと命名した。それからさらに西へ進み、二六日に南緯六八度五七分、東経一五八度五三分に達するまでその海域を調査した。それから流氷の中を徐々に北へ向かって南極を離れ、ニュージーランドへ引き揚げた。

アデア岬に上陸した東部隊はそこに宿舎を建て、いまは北部隊となって気象と地磁気の観測、地質の調査、海洋生物の採集、ペンギンの調査、近辺の測量、流氷と氷山の調査、写真撮影などをしながら秋と冬を過ごした。そして越冬後の一〇月四日に、キャンベル、プリーストリ、アボット、ディカソンの四人が、ここでの主目的であるノース岬の西の地域の探検に出発した。

しかし、ようやくロバートソン湾の西端を過ぎたところで、行手の海氷が危険になって進めなくなり、出発後わずか四日で（一〇月八日）引き返さざるをえなくなった。陸上を西へ進む道も探したが、海岸はどこも切り立っていて陸地へ上がれなかった。

ノース岬の西は海上からも未探検の地域で、そこを船からの観察によるのではなく現地で実地に調査することがここへ来た最大の目的だった。その目的が果たせなくなったことは北部隊にはまたもや大きな失望となった。アデア岬の近辺の陸地は断崖ばかりで内陸へ入る道がなく、行動範囲が限られたので、結局、北部隊は実質的な調査旅行ができなかった。ただ、その間、彼らはアデア岬で科学上の観測・調査を続け、その面で成果をあげた。

一九一二年一月三日にふたたびテラ・ノバ号がアデア岬へ来航し、北部隊はそこを引き払って乗船した。そして一月八日にアデア岬から四五〇キロメートルほど南の、テラ・ノバ湾の中のエバンズ入江の近くに上陸した。船はそこからエバンズ岬基地へ向かった。

エバンズ入江で

エバンズ入江に上陸した北部隊はその地域で四〇日間の調査旅行をする予定にし、二月一八日に船に迎えにきてもらうことにした。

一月九日に、六人はそりを引いて調査旅行に出発した。上陸地点の近くにつくった物資貯蔵所から北の方向へ進んで、測地、氷河と地質の調査、標本の採集などを実施した。そして二月六日に貯蔵所へ帰り、その後は船を待ちながら近辺の測地や調査をしていた。

しかし約束の二月一八日が過ぎても船は来なかった。船が来ない場合にはそこで越冬しなければ

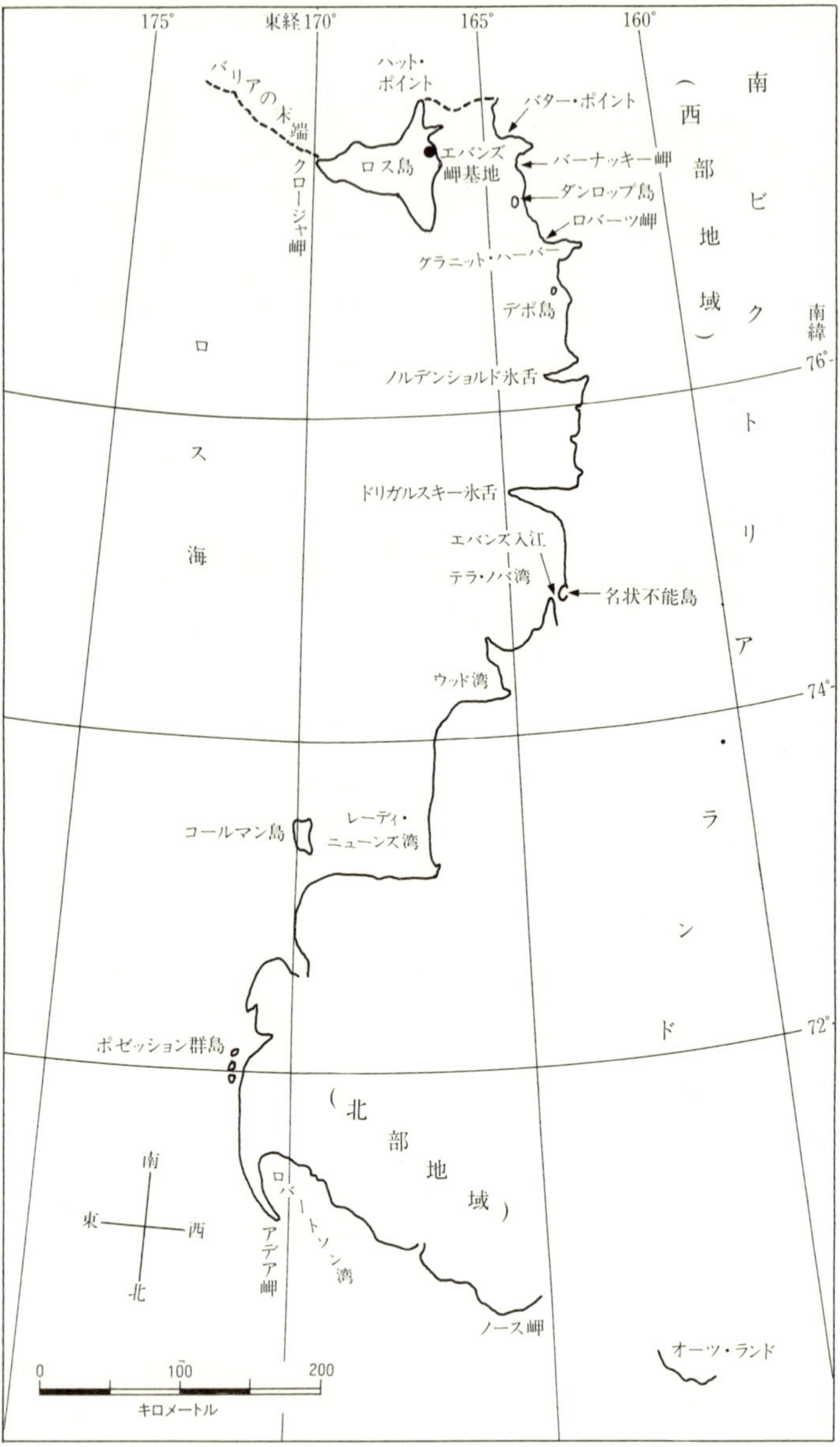

175°
東経170°
165°
160°
ハット・ポイント
バリアの末端
バター・ポイント
エバンズ岬基地
ロス島
バーナッキー岬
クロージャ岬
ダンロップ島
ロバーツ岬
グラニット・ハーバー
デポ島
南ビクトリア・ランド
（西部地域）
南緯
76°
74°
72°
ノルデンショルド氷舌
ロス海
ドリガルスキー氷舌
エバンズ入江
テラ・ノバ湾
名状不能島
ウッド湾
コールマン島
レーディ・ニューンズ湾
ポゼッション群島
（北部地域）
南
東
西
北
アデア岬
ロバートソン湾
ノース岬
オーツ・ランド
0
100
200
キロメートル

北部隊行動地域略図

ならないので、食事の減量を始め、食糧をしっかり管理することにした。

三月一日から越冬用の食糧としてアザラシとペンギンの狩りを始めた。上陸したときは越冬する予定ではなかったので、宿舎はもちろんなく、越冬用の食糧も装備も持ち合わせていなかった。調査旅行のための六週間分の旅行食はほとんど使ってしまい、予備の食糧がかつかつ四週間分あったが、その半分は越冬後の帰り旅のために保存しておかなければならなかった。

帰り旅が越冬後でないとできなかったのは、長期旅行のできる季節がすでに終わり近くなっていたからだった。それにエバンズ岬基地までの道には途中に海氷の上を通らなければならないところがあって、いまはその海氷が流出してなくなっているか、あってもきわめて危険な状態だと予想された。

北部隊は厳しい条件の中で越冬生活をすることになった。強風が続き、テントがすり切れて穴だらけになってきたので、まず長持ちする住まいをつくらなければならなかった。三月五日に、貯蔵所の南にある名状不能島と名づけた島に雪の堅い吹きだまりを見つけ、三人がそこに雪小屋を掘り始めた。そして三月一七日に、ある程度掘れたところで三人はそこへ入居した。

ほかの三人はテントで生活しながら、アザラシとペンギンの狩りを続けていたが、三月一九日の夕方、テントから雪小屋へ避難してきた。彼らは強風でテントの支柱をへし折られたのだった。朝から夕方まで待っても風が衰えず、つぶれたテントの下では食事もとれないので、強風の中を這《は》いずりながらやってきたのだ。雪小屋にいた三人は新来者に温かいスープをつくって食べさせ、それからみんなで歌を歌って過ごした。しかしそのあとは一人用の寝袋に二人ずつ入って寝なければならなくて、その夜は大変苦しく、朝の明かりが戸口から差し込んできたときは「あとにも先にもないほどうれしかった」（プリーストリ）。

越冬の準備はなかなか忙しかった。雪小屋を掘り広げて整備を続け、同時に元の貯蔵所から物資や用具を運んだり、アザラシを捕って、それを処理して運び入れたりした。通り道には大石がごろごろしているところがあった。ほとんどいつも強風が吹き荒れていたから、荷物を背負ってそこを歩くのは大変で、突風が来ると大石の間へ吹き倒された。アザラシの脂を運ぶときは服が脂でべとべとになり、肌までしみて体が冷えた。寒さが厳しく、外へ出ると顔や手足が凍え、それを温めて回復させるのに時間がかかった。

雪小屋は、内部の大きさが奥行き二・七メートルほど、幅三・七メートルほど、高さ一・七メートル足らずで、それに通路の横穴と出入りのための階段のついた縦穴があった。また通路と並んで調理室を設け、縦穴の一部も調理場に使った。

三月二一日に捕れた一頭のアザラシを解体すると、胃の中にまだ食べられる魚が三六匹も見つかり、一同大喜びした。そしてそれからは、アザラシを見つけたときは「魚だ！」と叫んで知らせるようになった。しかしアザラシの中にまだ食べられる魚が見つかったのはこの一回だけだった。

四月五日までにアザラシが一六頭捕れ、越冬のための食糧はぎりぎり確保できた。それを祝って乾パンを一枚ずつ特配した。

越冬生活

南極の氷と雪の中で、準備なしにやむなく始めた越冬生活は、厳しいながらも少しずつ軌道に乗るようになった。二人ずつ交替で当番をして、食事の支度や片付けをした。

この当時の食事の内容は次のようだった。朝食はアザラシあるいはペンギンの肉と脂のスープをアルミのマグカップに一杯と、乾パン㉔一枚。夕食はアザラシと脂のスープをマグカップに一杯半と乾パン一枚。スープの内容は通常の場合、肉とスープが半々ほどだった。夕食には薄く入れたココアかお茶か白湯《さゆ》が出た。ほかに日曜には角砂糖一二個、土曜と隔週水曜にはチョコレート四三グラム、月の最後の日には干しぶどう二五粒の配給があった。また少量のオクソ（牛肉の固形エキス）があって、三日に一度オクソ入りスープが食べられた。昼食はとらなかった。

四月の中ごろ、アザラシの肉の消費が早いことに気づき、半分に減らさなければならなくなった。そのためにひどく空腹になった。アザラシは無駄なく食べ、残った骨もいざというときに備えて捨てずに保存した。食事

北部隊の雪小屋の内部（キャンベルの略画をスコット夫人が仕上げたスケッチ）

で困ったことの一つは、味が単調なことだった。それで医薬品の中から生姜《しょうが》タブロイドや芥子《からし》軟膏《なんこう》などを選び出し、珍味と称して味付けに利用した。

食糧と同じく、燃料の灯油も量が限られていたから、朝食以外の炊事と照明には獣脂を使うようにして、灯油を節約した。そのために物も体も獣脂の煤《すす》で真っ黒になった。

冬営中の気晴らしには、幸い本と雑誌が数冊あって、夕食後レビクが一章ずつ音読した。また講座も開いた。レビクの解剖学が特におもしろかった。日曜には簡単な礼拝式をした。賛美歌を歌うのもよい気晴らしになった。土曜の晩にもみんなで歌を歌った。

冬の間はほとんど毎日強風が吹くか雪が降りしきるかした。それが和らぐのをねらって数日置きに、食塩の代用にする海氷と、小屋から離れたところに貯蔵したままになっているアザラシの肉と脂を運びに出かけた。そういうときにはよく凍傷になった。服は着の身着のままだったからすり切れて破れ、いつもつくろっていなければならなかった。防風服は獣脂でべとべとになり、外へ出ると雪が付きやすく、帰って小屋へ入るときそれを落とすのが大仕事だった。

六月二二日は冬至祭の日で、ささやかながら祝宴をし、久しぶりに満腹して就寝した。冬至祭のあとは時のたつのが早く感じられるようになった。そして日一日と太陽が近づいてくると思うとみんな元気が出た。

帰り旅のときの乾パンを確保するために、六月末から一日一枚に減らし、八月中は乾パンなしで過ごし、九月に入ると一日一枚に戻した。七月一〇日にアザラシが二頭捕れ、その後も捕れるようになって、もう食事に肉の半減をしなくてよくなった。そしてこのころから昼の明かりも戻り始め、八月一〇日には太陽が再来した。その日は実際には太陽は見えなかったが、祝宴をして楽しく過ごした。

九月の初めに全員が腸炎にかかった。肉を解凍するために使っていた空缶の汚染が原因だと気づき、それを新しいものと取り替え、同時にアザラシのスープを減らすようにしたら、四人は次第に回復した。しかし腸チフスの既往症のあるブラウニングと、ほかにディカソンが、その後もはかばかしくなかった。あと二、三週間で帰り旅だというときになって病人が出たのは心配なことだった。

旅を始める時期が近づき、準備が忙しくなった。寝袋をつくろい、そりや装備の修理をし、旅行用に肉を切り分けた。また、旅に備えて体を鍛えるために九月の初めからスウェーデン体操を始めた。

帰り旅

ブラウニングとディカソンが幸い快方へ向かってきたので、九月三〇日の夕方、二台のそりを引いてエバンズ岬の基地目指して帰り旅を始めた。この日は地吹雪があってそり引きは厳しく、また出発前の準備作業で疲れてもいたので、雪小屋からやっと三キロメートルあまり来たところで野営した。しかし雪小屋の暗さと汚さから解放されて気分がよかった。そして空腹を我慢して節約したおかげで旅行用の食糧は量的には十分あった。

一行は山麓氷河の上を海沿いに南へ向かって進んだ。ぎりぎりの食糧で越冬生活を続けたあとだったから、みんな体が弱っており、また二人の病人もかかえていたので進みは遅かった。

一〇月七日に山麓氷河から下りて入江の海氷を渡り、ドリガルスキー氷舌へ上がった。氷舌の上では大きな起伏やクレバスが多く、薄暗い中で急斜面の谷へ落ち込みそうになることが一度ならずあった。一〇月一〇日の夕方、危険なドリガルスキー氷舌を無事に越え、良質の海氷があるところへ出て、一行は喜んだ。そして乾パン一枚とチョコレート一個の特配でそれを祝った。そこから海氷の上を進み、一〇月二〇日にノルデンショルド氷舌へ上がった。ここで不急の用具を下ろし、そりを軽くして氷舌を越えたあと、ふたたび海氷の上を進んだ。このころブラウニングがまた悪くなり、キャンベルも体調を崩した。

一〇月二六日に、デポ島でシャクルトン隊のデービッドの残した地質標本と手紙を見つけ、回収した。この日ブラウニングの容態が悪化した。そのため一行は補給所のあるバター・ポイントへ向かって急ぐことにした。

一〇月二九日にロバーツ岬の近くまで来た。岬の頂上に竹ざおが立っているのが望遠鏡で見えたので、キャンベルとプリーストリがそこへ登っていった。するとうれしいことに、前年の西部班（テーラーほか）の残した食糧が見つかった。乾パン、干しぶどう、茶、ココア、バター、ラードなどがあった。言いようのないほどありがたかった。ほかに衣類、日記、地質標本があった。この日はそこで野営し、九ヵ月ぶりによい食事をした。生きて帰れるか心配されたブラウニングも、ここにあった食糧のおかげで、食べ物が変わって回復し始めた。

一一月一日の午後バーナッキー岬へ着くと、ふたたびテーラー班の残した食糧があった。そして一一月二日の午後バター・ポイントの補給所へ着いた。そこには食糧が山ほどあった。またアトキンソンの手紙もあった。アトキンソンの率いる班が、四月に自分たちの救援にそこまで来てくれたことがわかった。しかし秋の海氷は危険なので、アトキンソン班が無事に帰れたかどうか案じられた。

エバンズ岬の基地へ帰り着いた北部隊の６人
(左からディカソン、アボット、ブラウニング、キャンベル、プリーストリ、レビク)

基地へ帰り着く

一一月六日の午後、ハット・ポイントまであと二キロメートル足らずのところで、そりが大破したので野営した。そして三人が代わりのそりと通信を求めてハット・ポイントへ行った。するとそこの小屋にテラ・ノバ号指揮者あてのアトキンソンの手紙があり、それを読んで初めて極点班の変事を知った。

翌七日の午後、一行はついにエバンズ岬の基地へ帰り着いた。宿舎にはだれもいなかったが、間もなく留守役のデベナムとアーチャーが戻ってきて一行を喜び迎えた。長く厳しい冬のあと基地へ帰り着き、ほかの隊員たちと会えたことは素晴らしかった。

北部隊の六人は南極の二度目の冬を、越冬の予定も準備もなく、南ビクトリア・ランドの東岸で孤立して過ごすことを強いられ、極度に厳しい状況の中で、へこたれることなく、互いに助け合い、ユーモアを忘れず、見事に苦境を乗り越えて全員が生還するという注目すべき記録を残した。これは極地探検の歴史にも、また人間の行動の記録としても、逸することのできない事績である。彼らは兄弟のような仲になり、その後、ほかの隊員たちから「盗賊一味のように親密」（特別仲良し）とからかわれるようになった。

基地へ帰り着いたあとキャンベルは極点班の捜索を手伝いに出かけたかったが、基地には役立たずの犬が二、三匹残っているだけだったので、それから捜索隊に追いつくのは不可能だった。やがて一一月二五日に、アトキンソンほか二人の犬ぞり班が捜索の旅から帰ってきて極点班発見の様子を伝えた。後続のラバ班も二八日に帰ってきた。

こうして陸上隊の生存者は全員（一九人）エバンズ岬の基地にそろった。そして以後はキャンベルが指揮を執り、基地で通常の日課の生活を始めた。記録の整理や、測地、地質調査などをし、またプリーストリとデベナムは一班を組織してエレバス山へ調査の登山をした。

探検の終了(25)

テラ・ノバ号来航

一九一三年一月一八日にテラ・ノバ号がやってきた。船が基地に近づくと陸上隊員たちは宿舎の前に勢ぞろいして、三度歓声をあげて船を迎えた。船でもそれに応答した。船の指揮者のエバンズ大尉（いまは昇進して中佐になっていた）がキャンベルの姿を認めて「みんな元気か、キャンベル？」とメガホンで叫んだ。ところがそれに対して陸上隊は一瞬黙り込んだ。そしてキャンベルが「南進班は去年の一月一八日《ママ》に極点へ到達した。しかし帰り旅でみんな死んだ――彼らの記録は回収してある」と答えると、船上の人々も声を呑《の》み、あたりはしばし深い沈黙に包まれた。

ようやく、エバンズの命令によって船が錨《いかり》を下ろし、キャンベルとアトキンソンが乗船して詳細を伝えた。それを聞いて船上隊の人々は言うに言われぬ悲痛な気持ちになった。マストに掲げてあった旗を下ろし、準備してあった船室のベッドを片付け、受け取り人のいなくなった手紙を包み直した。しかし大きな悲しみの一方で、極点班の示した高邁《こうまい》な気概と、死を迎えたときの立派な態度に一同は尉めと誇りを感じた。

陸上隊ではテラ・ノバ号が来たちょうどその日に、三度目の越冬の準備を始めたところだった。

陸上隊は、テラ・ノバ号がテディ（エバンズ大尉の通称）に指揮されているのを知って安心した。そしてここで探検隊の指揮はキャンベルからエバンズへ引き継がれた。

船はエバンズ岬に三〇時間停泊して帰国の準備をした。採集した標本や持ち帰る器具類などを船に乗せた。宿舎も整頓《せいとん》し、置いていく物資と装備のリストを残して戸締まりをした。

一月一九日の夕方、探検隊は全員乗船して、これを最後にエバンズ岬を離れた。船は北へ向かい、ロイズ岬へ行ってそこに保存してあった地質と動物の標本を回収した。それからもう一度南へ進み、テント島の少し先で氷にさえぎられて停泊した。

翌二〇日に、アトキンソンほか七人がハット・ポイントへ出かけ、アーミテジ岬の観測丘の上に遭難者たちの記念の十字架を立てた。高さ二三〇メートルほどの観測丘は、一方に極点班の人々が生活したマクマード海峡を望み、もう一方に彼らが眠るバリアを望んでいて、彼らの記念碑にこのうえなくふさわしい場所だった。

記念碑には、ビクトリア時代の桂冠詩人アルフレッド＝テニソンの詩の一行が刻まれた。

《奮闘し、探求し、発見し、屈服せず》

この一行を借りて極点班の人々の、ひいてはこの探検隊全体の、行動を支えた精神を表わそうとしたものであろう。アトキンソンたちはハット・ポイントの基地の整頓もして、次の日の夜、船へ帰った。

一月二二日に、船は西部地域のグラニット・ハーバーへ行き、テーラーとデベナムの残した地質標本を回収した。そのあと流氷を避けながら北へ進んで、二六日にエバンズ入江の北部隊の越冬地に近づき、ここでも地質標本を回収した。また北部隊の六人が越冬生活をした雪小屋の見学もして、彼らの困苦を実感した。

帰国

一月二七日の早朝に探検隊はエバンズ入江を離れ、帰国の途についた。帰りの航海でもそれまでと同じく、磁気の観測、測深、生物の調査と採集などの作業を続けた。

二月一〇日に、ニュージーランド南島の小さな港オアマルでセントラル・ニュース社へ電報を送ったあと、二月一二日に一行はリトルトンへ着いた。出発のときに期待したような幸せな帰還ではなかった。船は半旗を掲げて入港し、港湾局の倉庫前に停泊した。大勢の人々が訪れて静かに同情の意を表し、またその後何日にもわたって世界の各地から哀悼の言葉が送られてきた。

三月一三日に、テラ・ノバ号はリトルトンを出航してイギリス本国へ向かった。船には南極で生き延びた一三匹の犬も乗っていた。それらは隊員たちが引き取って飼うことになっていた。(26)

船はホーン岬を経由してリオデジャネイロへ寄港し、そして六月一一日に故国のシリー諸島のクロウ・サウンドに着いた。そこで船を整え、六月一四日にカーディフの港へ入って航海を終わった。探検に出発してからちょうど三年がたっていた。

結　び

科学探検

スコットの南極探検は、第一次探検のところで見たように、知識の増進のための科学探検に始まった。そして二度の南極探検で、前例を見ないほど充実した科学班を伴い、地磁気、重力、気象、氷雪、地質、地文（自然地理）、海洋、生物など、広範な分野にわたって観測・調査を行なった。しかも以前の探検隊の越冬地より七〇〇キロメートルも南での、長期にわたる観測・調査だった。その状況を、国立極地研究所の藤井理行博士は「南極でのはじめての本格的な科学調査と言えよう」と評しておられる。(1)

科学者たちの観測・調査の成果は、第一次探検については王立協会（Royal Society）やイギリス博物館（British Museum）によって報告書として刊行され、第二次探検についてはスコット大佐南極基金委員会（Committee of the Captain Scott Antarctic Fund）やイギリス博物館その他によって報告書や著書として刊行された。それらは広く知識の増進に貢献し、のちの時代の研究の基礎となった。(2)

スコット自身は科学者ではなかったが、科学隊員たちの活動に並々ならぬ関心と理解を示し、自分でも地質や氷の現象について観察や考察を重ね、また専門の科学隊員から教わったり、彼らと討論したりしている。隊員たちもそれに感銘を受けていたようである。例えば、ライトとプリーストリはスコットについて、極地探検の歴史で、純粋科学に対する深い理解によって、隊員の科学者たちの成果を彼ほど正当に評価した隊長はかつてなかっただろう、という意味のことを書いている。[3]

今日オゾンホールの問題が示しているように、南極での科学観測が、人類のみならず地球全体の今後にとってきわめて重要な情報を提供していることは広く認められている。その点からも、スコットが南極探検において科学調査の重要性をはっきり認識していたことは注目に値するだろう。

地理的探検

スコットは第一次探検において南極大陸の実質的な発見者となった。[4] というのはスコットの探検隊は、まだ周辺部がきれぎれにわかっていただけの南極大陸の内陸へ初めて長距離の旅をしたからである。

その一つはスコット自身がロス島から南へ南緯八二度一六分三三秒まで進んだ旅で、それによって、すでに海上から発見されていた南ビクトリア・ランドの南に新たに五〇〇キロメートルあまりにわたって陸地を発見した。いま一つは、副隊長のアーミテジが南ビクトリア・ランドの山岳地帯を初めて実地に調査し、その西に南極の高原を発見した旅で、翌年スコットがそこをさらに西へ進んで東経一四六度三三分に達し、南極の内陸が広大な氷の高原になっていることを明らかにした。

エドワード七世ランドの確認とロス島が島であることの発見も南極探検史に残る業績であろう。

またロイズがロス島から南東方向へ旅して、ロス・バリア（棚氷《たなごおり》）の広がりと状態を調査したことも見落とすことができない。

第二次探検では、スコットは地理的探検の範囲を南極点まで広げたが、そのルートの大部分である南緯八八度二三分までは、すでにスコット自身の第一次探検とシャクルトンの探検とによって明らかにされており、また極点へは到達したが、アムンセンの到達のあとだったために目立った成果とはならなかった。

地理上の南極点の到達が果たされても、南極大陸は至るところ未探検、未調査のままだった。スコットはそれを認識していて、未来の探検・調査への展望を持っていた。自分でも、極点への旅の途上ビアドモア氷河の手前で南南東に高緯度までバリアが広がっているのをはるかに望み見たとき、翌年の仕事としてそこが心をそそられる方面だと書いているように、継続して新たな地域を調査しようと考えていた。

エバンス岬の基地から極点旅行に出発する前に、テラ・ノバ号の指揮者にあててつくった指令書にも、スコットはバリアを南南東方向へ横断する計画のことを書いている(5)。そして南極で初めて雪上車を使用し、それが将来「極地の輸送に大変革をもたらしうる」と考えていたことは、そのまま今日の南極調査に現実のものとなっている。

探検のドラマ

スコットはウィルソンたち三人の冬旅行について「極地史上まれに見る勇敢な物語として想像力に訴えかけてくる」と書いているが、スコットの第二次探検は、広く人々の想像の世界に極地探検の遺産を豊かに残したと言えるだろう。

アムンセンの存在を意識しながらの、スコットたち五人の遭難死に至る極点旅行の物語をはじめ、右の冬旅行、すなわち皇帝ペンギンの発生学研究のための「世界最悪の旅」、壊血病に倒れたエバンズ大尉のきわどい生還、北部隊の準備なしの孤立した越冬生活、隊長も副隊長もいなくなったあと、困難な事態の中で一同が協力し、最後まで隊がまとまって行動した状況など、われわれの想像に訴える物語をいくつも残した。それらはスコットの日記やチェリー－ガラードの有名な著書をはじめ、ほかの隊員たちの著書や日記によって伝えられている。

この探検はまた、ポンティングの撮影した写真および記録映画とウィルソンの写生によって、数々の優れた映像・画像を残した点でも注目される。

日記に見る人間スコット(6)

スコット自身による第二次探検の記録は、スコットが死んでしまったので通常の場合と異なり、あとでまとめた報告ではなくて、探検中彼がつけていた日記をほぼそのまま刊行したものとなっている。そして、そこにはスコットのときどきの心の動きが生々しく表われている(7)。

スコットは感情の動きの大きい人だったようである。日記には、愉快、不愉快、心配、安堵《あんど》、いらだち、腹立ち、落胆、喜び、希望などを表わす言葉が頻出し、一喜一憂といっても過言でないほど感情が揺れ動く。ことに不運な状況や事故が起きるたびにスコットは落胆と不運をかこつ言葉を書かないではいられない。

隊員たちの熱意や働きぶりに対する満足、感謝、称賛は折あるごとに記しているが、一方で不満も書いている。また、他人の幸運をうらやんだり、他人の考えや行動を非難したりもし、反面、自分の立場や考えを正当化しようとしているところも少なくない。

越冬中の七月六日にスコットは突然次のように書いている。「私はいま腰を据えて実のある仕事に取りかかることがどうしてもできず、しようと決めた仕事もあとへ延ばしている」。前後の脈絡もなくこれだけぽつりと書いてある。理由もなく落ち着かなくなることがあったようだ。そして気持ちの迷い、判断の不安定、考えの矛盾なども散見される。

チェリー-ガラードによると、スコットはユーモアの感覚の乏しい人だった(8)。またライトの日記には、スコットはばか騒ぎには加わらなかった、という記述がある(9)。たしかに、スコットは陽気に隊員たちと交わるタイプの人ではなかったようである。二度の探検でスコットと行動をともにしたウィルソンが第二次探検の前にチェリー-ガラードに送った手紙にも、スコットは気難しく、かたくなになることがときどきある、そして人から誤解されやすい、という意味のことが書かれている。

しかし、同時にウィルソンは、「それでも、君もきっと私と同じく彼を理解でき、彼を信頼できるようになるだろう」と書いている。(10)

ユーモアについては、しかし、日記に記述が少なからず見られる。隊員のユーモアを記録したり、隊員たちや馬のあだ名の一覧表をつくったりしており、また電話の相手と冷やかしの言い合いを楽しんでいる場面もある。

感情の揺れが大きかったのとともに、スコットは感受性と想像力に富んだ人でもあった。補給所づくりの旅での印象や、オーロラに見とれて想像を馳《は》せたりしているところなど、日記の随所にそれが感じられる。揺れる船や深い雪で苦しむ馬を思いやる姿にはやさしい心根が表われ、もちろんそういうやさしさは人間に対しても発露して、その例を見つけるのは容易である。

スコットの心にあったと見られる、一般に人間としての、またイギリス紳士としての徳目を、日記の記述から拾い集めると次のようなものがある。努力、勤勉、熱意、進取、責任感、国への奉仕、名誉、勇気、冒険心、堅忍、知識、経験、寛容、友愛、誠実、謙譲、自己犠牲、心の余裕、快活など。恐らくスコットはみずからこれらの徳目の体現に努めていたと思われる。

ところが、日記にはすでに見たように、そういう志向をいわば裏切るような記述が頻繁に現われ、スコットの人間像を傷つけているような感じがする。しかし考えてみると、一面でだれにもありがちな人間らしい弱点や偏見、矛盾などが率直に表出されているからこそ、全体としてこの日記が、生気のある極地探検記録となり、同時に重量感のある人間記録となっているのだろう。

そして一般に、日記に見られる心の動きが必ずしもそのままその人の現実の態度であるわけではない。スコットの場合も、たとえばテラ・ノバ号がエバンズ岬で座礁して深刻な状況になったとき、スコットは「がっかり」し、「憂鬱《ゆううつ》」になり、「恐ろしく気がめい」った様子を日記に書いているが、副隊長のエバンズによると、そのときスコットは機嫌よくそれを受け止め、そり旅行の計画の話でもするように落ち着いた態度で、即座に対策に取りかかったという(11)。

同じような例はほかにもエバンズの著書に書かれており、またほかの隊員たちの記録にも見られる。チェリー＝ガラードも、スコットが生来さまざまな弱点を持ちながら、現実ではそれらをよく克服して、活力と冒険心にあふれ、決断に富み、同時に人間的魅力を豊かに備えていた、と書いている(12)。

スコットの日記で一つ見落とせないのは、その克明、的確かつ生彩に富んだ記述ぶりである。それによって読者は、彼を中心としたこの探検隊の日々の生活、活動のありさまをつぶさに知ることができる。そして単に知るだけでなく、読者はたとえば、大時化《しけ》の中で船を守ろうとする隊員たちの不眠の奮闘を読んで、あたかも自分がそこに居合わせたかのような思いをするのである。書き手が尋常でない描写力、表現力の持ち主であったと言えよう（八一ページ参照）。

探検家スコットの評価

さて、スコットは南極に果てたが、それが単なる遭難死ではなくて、アムンセンの予想外の参入によって極点初到達の栄誉を持ち去られたという特異な状況を伴っていたために、その悲劇性が高められて人々の心に強く訴えた。

特にスコットの生国イギリスでは、繁栄をきわめた大帝国もすでに衰退のきざしの見えていたときだけにかえって、愛国心の象徴として、また当時イギリス人が自分たちに特有の美徳と考えていた勇敢、毅然《きぜん》、堅忍、不動などの体現者として[13]、実際とは無関係に、彼はたちまち理想化されて英雄視されるようになった。そして、当時のイギリスの国際的影響力もあずかってそういうスコット像が世界に広まっていった。

そのため、南極点初到達の栄誉を担うアムンセンの業績がややもすると正当に評価されない状況が続いたようである。もちろん、極地を踏破する力量ではスコットはアムンセンに及ばなかった。アムンセンがその分野でいわばプロであったのに対し、スコットはアマチュアであったと言わなければならない[14]。もっとも、極地探検をした人々は、それまでもその当時も、ほとんどはアマチュアであって、アムンセンは例外的な人だったと言えよう[15]。

近年、アムンセンを正当に評価しようとする中で、二人の優劣がいろいろと検証され論じられている。そしてローランド＝ハントフォードのように、スコットを最低の極地探検家の一人と断じている人まである[16]。スコットは力量においてアマチュアであったということのほかに、人間的に弱点があり、リーダーとしての資質にも足りないところがあったかもしれない。また、当時のイギリスの帝国主義の風潮やイギリス海軍の非能率、事大主義から逃れられなかった、と言うこともできるだろう。

この本で私はスコットを論評し評価する意図はなかった。ただ、彼の事績をひととおり調べ終わっての感想を言うならば、スコットは南極大陸の地理的探検とそこでの科学調査の両方を初めて本格的に実施したことで、南極の探検・調査の歴史に逸することのできない人である、ということになる。また、探検・調査の業績とは別に、彼の探検隊はわれわれの想像の世界に糧《かて》となるものを豊富に残していて、それによっても生き続け、語り継がれていくだろうと考える。

〈注〉

〔第一章〕

（1）この節では主に Trevelyan, *Illustrated History of England* を参考にし、百科事典その他の本も参照した。

（2）この節および次の節では、巻末の参考文献にあげたグイン、シーバー、パウンド、ブレント、およびハックスレーの著書に基づくところが多い。

（3）Scott, *The Voyage of the "Discovery"* 一九〇七年版（以下同じ）、第一巻、二四ページ。

〔第二章〕

（1）第二章は主としてスコットの著書 *The Voyage of the "Discovery"* に基づいている。

（2）この節も注（1）にあげたスコットの著書をもとにしているが、内容の補足、データの誤りの訂正などをした。

（3）スコットの著書の抄訳『南極探検発見号の航海』（七ページ）では九万二〇〇〇ポンドを九二万円としている。『白瀬中尉探検記』（一三～四ページ）には、一九一〇～一二年の同中尉の南極探検に要した費用約一二万円と比較して、ディスカバリー号南極探検の費用は九二万円、テラ・ノバ号南極探検の費用は「少なくとも七五万円」とある。なお第三章注（7）参照。

（4）*The Voyage of the "Discovery"* 第一巻、二三一ページ、および Wilson, *Diary of the "Terra Nova" Expedition* 一七ページ。

（5）神沼克伊『南極情報101』五ページ。

（6）以下第二章の終わりまで、ところどころウィルソンの日記 *Diary of the "Discovery" Expedition* によって補った。

（7）子息ピーター＝スコットはのちに自然保護活動を始め、世界野生生物基金（現在は世界自然保護基金）の創設に尽力した。

(8) スコットは氷壁と同じくこの氷原もバリアと呼んでいる。本書でもそれに従った。この氷原はいまは「ロス棚氷（たなごおり）」と呼ばれている（棚氷＝陸の氷が台状に幅広く海に張り出しているもの）。

(9) のちにバリアが割れて新たにできた湾（鯨湾）に飲み込まれてなくなった（Shackleton, *The Heart of the Antarctic* 第一巻、七三〜四ページ）。

(10) スコット出発以前のそういう旅行の例は、二七ページに記したサザン・クロス号探検隊のそれだけのようである。同じ隊がアデア岬でも五〇キロメートルほど旅をしているが、内陸へはほとんど入っていない。

(11) ヨーロッパから北アメリカの北部を通過し、ベーリング海峡を経て太平洋へ出る通路（といってもいまのように地理がわかっていたわけではなく、初めはもっと近いと考えられていた――太田昌秀氏、『極地』六四号）。海路による東洋への近道の一つとして十六世紀以来ヨーロッパ人が開拓に挑んでいた。一九〇五年にノルウェーのアムンセンが通過に初めて成功した。

(12) Keay, *History of World Exploration* 二四四ページ。Kirwan, *A History of Polar Exploration* では一三四人。

(13) ここではスコットはサザン・クロス号探検隊の記録を元にしているようである（二七ページ、および四二ページ参照）。

(14) 携行していた食品はウィルソンの日記（一一月二六日）によると次のようだった。乾パン、ペミカン（乾燥肉とラードを主成分とした旅行食。濃いスープにして食べる）、ベーコン、レッド・レーション（豆の粗びき粉と粉末ベーコンの混合物）、粉末チーズ、スープの素、食塩、コショウ、茶、ココア、チョコレート、砂糖、プラズモン（牛乳蛋白粉末）、ソマトーズ（不祥）。ほかにアザラシの肉があった。

(15) 三人のうちの一人シャクルトンが、その後一九〇七〜九年に南極探検をして極点を目指して旅をしたとき、犬を使わずに馬を使った。

(16) *Sydpolen* 第一巻、一五三〜四ページ。

(17) 旅の初日に放して隊から離れた三匹を除く。南緯八三度では三匹が脱走して行方不明になった（アムンセン、前掲書、第二巻、二、四〜六、二九、一七一ページ)。
(18) アムンセン、前掲書、第二巻、六〇〜六二ページ。「つらいことだった。しかしやむをえなかった」とアムンセンは書いている。
(19) この方式の好例は、日本の舟津圭三氏の参加した国際探検隊による一九八九〜九〇年の南極大陸横断であろう。ちなみに、南極の環境保護のための南極条約議定書が一九九一年に採択され、それには外からの動植物の持ち込みの禁止が含まれている。
(20) Markham, *Antarctic Obsession* 四六ページ。
(21) この項ではラッシリーの日記 *Under Scott's Command* を参照した。
(22) 以下、この章の終わりまでは主として Gwynn, *Captain Scott* に基づいている。

〔第三章〕
(1) この節では、巻末の参考文献にあげたグイン、ブレント、およびハックスレーの著書に基づくところが多い。
(2) *The Worst Journey in the World* 三二一ページ。なお五八ページ参照。
(3) キャタピラを用いた戦車が初めて使用されたのは第一次世界大戦中の一九一六年だった(*Everyman's Encyclopaedia*)。
(4) スコットがロタレ峠で走行試験をしたとき同行したフランスの南極探検家ジャン＝シャルコが、自分で開発した雪上車を一九〇九年に南極半島のグレアム・ランドへ携行した。しかし路面が適さず使えなかった (Charcot, *The Voyage of the "Why Not" in the Antarctic* 一八ページ)。
(5) Shackleton, *The Heart of the Antarctic.*
(6) 『白瀬中尉探検記』一八五ページ。
(7) この探検にかかった費用は約八万七〇〇〇ポンド(いまの価値に換算して約三〇〇〇万ポンド)となった (Mear

& Swan, *In the Footsteps of Scott* 三三ページ）。なお第二章の注（3）参照。ちなみに海軍本部勤務中のスコットの年俸は九五〇ポンドだった（ハックスレー）。また一九〇〇年のイギリスのある事務員（上層の労働者階級）の年収は九一ポンドだった（長島伸一『世紀末までの大英帝国』二三六ページ）。

（8）以下、この章の終わりまでは、主としてスコットの日記（*Scott's Last Expedition* 第一巻、および日記原本の複写版）を資料とし、ウィルソン、エバンズ（エドワード）、その他の隊員の書いた報告（*Scott's Last Expedition* 第二巻）、著書、日記（巻末参考文献参照）によって補った。筆者を示さない引用はスコットの日記からのものである。

（9）この項は主として Gwynn, *Captain Scott* に基づいている。

（10）スコットは第一次探検の船ディスカバリー号を使いたかったが、当時同船を所有していた会社の都合で実現しなかった（Brent, *Captain Scott* 一二四ページ）。

（11）この項ではグランの日記 *The Norwegian with Scott* の編者の解説「Tryggve Gran」を参照した。

（12）グラン、前掲書、一四ページ。

（13）アムンセンは「主として礼儀として」この電報を打ったと書いている（*Sydpolen* 第一巻、一三九ページ）。

（14）クックの北極点到達は一九〇八年四月二一日で、それが伝えられたのは翌年の九月一日だった。そのわずか四日後にピアリーの到達も伝えられた。ピアリーの到達はクックのそれよりほぼ一年あとだった（一九〇九年四月六日）。しかしピアリーはクックの到達を否定する強力な宣伝活動を展開し、クックも十分な証拠を提示できず、結局クックの到達は否定され、ピアリーが北極点初到達者と認められるようになった。ただピアリー自身にも到達の決め手となる証拠がなかったことが今日では明らかになっている。

（15）アムンセン、前掲書、第一巻、一三七〜一四〇、二三〇ページ。

（16）グラン、前掲書、五六ページ。

（17）犬は三三匹のうち二匹はエスキモー犬、あとはシベリア犬。別にコリー種の犬が一匹いた。馬はシベリア馬と満州馬。

（18） 一章というのは活字本によってのことで、元の日記は章に分かれていない。
（19） スコット、エバンズ（大尉）、ウィルソン、バワズ、アトキンソン、オーツ、ミアズ、チェリー＝ガラード、グラン、クリーン、フォード、コヘイン。
（20） グランによると、当時スコット隊の人々はアムンセンがウエッデル海に基地をつくったものと考えていた（*The Norwegian with Scott* 五六ページ）。
（21） *The Worst Journey in the World* 一二九ページ。
（22） 一九一〇年に雪上車の走行試験のためノルウェーへ出向いたとき、スコットはアムンセンに会おうとした。しかしアムンセンはそれを回避した（グラン、前掲書、一二ページ）。そのこともアムンセンに対するスコットの感情の要因となったと考えられる。
（23） Evans, *South with Scott* 一六四～五ページ。
（24） *Diary of the "Terra Nova" Expedition* 一〇〇ページ。
（25） この項の前半の部分ではチェリー＝ガラードの著書 *The Worst Journey in the World*（一三八～一四九ページ）に引用されているバワズの手紙を参照した。
（26） この項はテーラーの報告（*Scott's Last Expedition* 第二巻）およびテーラーの著書（*With Scott*）に基づいている。
（27） Seaver, *Edward Wilson of the Antarctic* 二七一ページ、Gran, *The Norwegian with Scott* 一一五ページ。
（28） この項は主としてウィルソンの日記 *Diary of the "Terra Nova" Expedition* およびチェリー＝ガラードの著書 *The Worst Journey in the World* に基づいている。
（29） 残り三個の卵はウィルソンによって保存処理をされ、のちにエディンバラ大学のコサ＝ユーアト教授によって調べられた。結局ウィルソンが期待したような発見はなかったようである。
（30） グランによると、電線が海へ流された（*The Norwegian with Scott* 一七九ページ）。
（31） グランの日記（一九一一年四月一八日）によると、アムンセンが先着するだろうと考える者は隊員の中にも少なくなかった。

(32) アムンセンは「科学の面倒は見ない」ことにしていた(*Sydpolen* 第一巻、一三九ページ)。

(33) キャンベルの手紙でノルウェー隊の状況がわかったとき(八八〜八九ページ参照)、科学観測・調査の計画を断念してすべてを極点到達に集中すべきである、と考える人もあった(Evans, *South with Scott* 七七ページ)。

(34) *The Worst Journey in the World* 三四九ページ。

(35) 上氷河補給所から基地へ帰ってきたアトキンソンの話を聞いて、グランは日記に「馬たちも立派に仕事を果たした」と書いている(*The Norwegian with Scott* 一七二ページ)。

(36) Nansen, *Fram over Polhavet* 第一巻、四八三ページ。

(37) ライトは手記で、このとき彼とチェリー–ガラードはひどくがっかりした、と書いている(*Silas* 二二二ページ)。ウィルソンも日記(一九一一年一月一四日)に極点まで行く希望を述べ、「最後の人選はよほど難しく、よほど激しい競争になるだろう」と書いている。

(38) チェリー–ガラードによると、犬ぞり班は予定では南緯八一度一五分から引き返すはずだった(*The Worst Journey in the World* 三八三ページ)。

(39) チェリー–ガラード、前掲書、三四七ページ。

(40) チェリー–ガラード、前掲書、四九七ページ。

(41) チェリー–ガラード、前掲書、四九七〜八ページ。

(42) 「正確」は、当然ながらスコットの携帯していた測器で、ということである。その種の測器は精度に限界があり、アムンセンも到達の確実を期すために、極点で三方向へそれぞれ二〇キロメートルにわたって歩いている(*Sydpolen* 第二巻、一二六ページ)。また北極点初到達者とされるピアリーは極点決定の精度について詳しく述べ、「私自身は、五マイルが許容範囲として妥当である、と考えたい」と書いている(*The North Pole* 二九五ページ)。

(43) アムンセン、前掲書、第一巻、二三七ページ。

(44) アムンセン、前掲書、第二巻、一三五ページ。
(45) *The Worst Journey in the World* 三七八ページ。
(46) *Diary of the "Terra Nova" Expedition*, Introduction.
(47) 石油が不足していた原因は、缶入りの石油が気温の極端な変化のために気化して漏れていき、また栓の革ワッシャーが低温で利きが悪くなって漏れが早まったためと考えられる（*Scott's Last Expedition* 第一巻、注二六）。
(48) シーバーは、苦しみが限度に達してオーツはアヘンを飲んだと解している（*Scott of the Antarctic* 一七五ページ）。
(49) *The Worst Journey in the World* 四八六ページ。
(50) 探検隊の帰国後、スコット記念基金（Scott Memorial Fund）の募金によって、死亡隊員の遺族へ経済的援助がなされ、スコットの最後の希望はかなえられた（Pound, *Scott of the Antarctic* その他）。

〔第四章〕
(1) この節はアトキンソンの報告（*Scott's Last Expedition* 第二巻）、チェリー＝ガラードの著書、エバンズの著書、ライトの日記、およびラッシリーの日記に基づいている。
(2) 出版されたラッシリーの日記 *Under Scott's Command* は、チェリー＝ガラードの *The Worst Journey in the World* に引用されているラッシリーの日記よりも、なぜか内容が格段に簡潔であり、また二月一九日で終わっている。ここでは両者を等しく参考にした。
(3) エバンズはこのあと自分の死期が近いと考え、同行の二人が最後まで自分を見捨てなかったことを証明するメモを書いてラッシリーに渡した（*Under Scott's Command* 一四五〜六ページ、編者の解説）。
(4) 以下この項でのクリーンの行動は、のちにクリーンがチェリー＝ガラードに語ったところによる（*The Worst Journey in the World* 四〇六〜七ページ）。

（5）この項はテーラーの報告（*Scott's Last Expedition* 第二巻）およびテーラーの著書（*With Scott*）に基づいている。
（6）以下この節の終わりまでは、アトキンソンその他の隊員の報告（*Scott's Last Espedition* 第二巻）、チェリー‐ガラードの著書、ライトおよびグランの日記に基づいている。
（7）新たに物資を補給したのは、極点到達が果たせなかった場合、次の年に再度試みようという考えがスコットにあったからであり（ウィルソンの日記、一九一一年一月一四日）、またスコットは、到達に成功しても、状況が許せばさらにほかの地域の探検もしたいと考えていた（一九三ページ参照）。
（8）新たに着いたラバと犬については注（7）参照。
（9）ラッシリーとクリーンは南緯八七度三二分まで行ったが、進路については知らなかった。
（10）この節はアトキンソンの報告、チェリー‐ガラードの著書、およびライトの日記に基づいている。
（11）デベナムとアーチャーが基地に残った。
（12）この距離はしばしば一八キロメートルとされるが、それは一一地理マイル（海里）を一一法定マイル（通常のマイル）と取り違えたための誤りである。
（13）Wright, *Silas* 三四五～六ページ。
（14）*The Worst Journey in the World* 四八一ページ。
（15）強い不安を感じたのは、チェリー‐ガラードの別の記述（*The Worst Journey in the World* 四七九ページ）から推測すると、（極点班を出迎えに行ったチェリー‐ガラードとしては）極点班がそんなに近くまで帰っていたのなら、救出のためにもっと何かできたのではないか、ということになるからだった。
（16）グランによると、テントの第一発見者はフーパーで、現場へ行って確認したのはグランだった。（*The Norwegian with Scott* 二一六ページ）。
（17）スコットの手紙類の一葉の裏面にバワズの筆跡による書きつけがあって、それは最後に死んだのがバワズだったことを暗示している（Wright, *Silas* 三四六ページ、編者の注）。

（18）*Scott's Last Expedition* 第二巻、三四六〜七ページ。
（19）この節は主としてキャンベルの報告（*Scott's Last Expedition* 第二巻）、キャンベルの日記（*The Wicked Mate*）、およびプリーストリの著書（*Antarctic Adventure*）に基づいている。
（20）Huntford, *Scott and Amundsen* 三四一ページ。
（21）Brent, *Captain Scott* 一五二ページ。なお八九〜九〇ページ参照。
（22）このときアムンセンがイギリス隊に犬を提供しようとしたという説があるが、中田の参考にした記録にはどれにもそのことは見当らなかった。
（23）チェリー＝ガラードの引用によると、プリーストリは日記に「われわれは礼儀上、彼らの越冬基地を侵害することはできない」と書いている（*The Worst Journey in the World* 一三一ページ）。アムンセンにも、自分たちの出発地点がスコットの基地から約六五〇キロメートル離れているから「われわれがスコットの活動分野を侵すことなどありえなかった」という記述が見られる（*Sydpolen* 第一巻、一四八ページ）。日本の白瀬探検隊が鯨湾のノルウェー隊の基地の近くに上陸して行動を始めたのは約一年後の一九一二年一月で（『南極記』）、そのときにはノルウェー隊は帰国しようとしていた。
（24）旅行食としての乾パンは、通常の一人一日分は八枚だった（一一八ページ写真参照）。
（25）この節は主としてエドワード＝エバンズおよびハリ＝ペネルの報告（*Scott's Last Expedition* 第二巻）に基づいている。
（26）ちなみに、ラバは極点班捜索の旅の途中と帰った直後とに、衰弱して回復の見込みのないもの四頭を殺した。残り三頭も探検隊が最終的に基地を去るときに殺した（Gran, *The Norwegian with Scott* 二三三ページ）。

〔結び〕

（1）『図書新聞』一九八七年五月二日。ウィルソンの日記 *Diary of the "Terra Nova" Expedition* の Foreword にも同

じ趣旨のことが書かれている。

（2） Wright, *Silas* 二一五ページ。

（3） ライト、前掲書、三八三ページ。

（4） Cherry-Garrard, *The Worst Journey in the World* 五七三ページ。

（5） Evans, *South with Scott* 一四四ページ。

（6） この項は『學鐙』（丸善、一九八七年八月）に掲載された拙文「南極探検日誌の中のスコット」を元にしている。

（7） 一九一三年（探検隊帰国の年）に刊行されたスコットの日記は、いくらか削除が施されたものであるが、それにしても当時よくここまで公表されたものだという思いのする内容を備えている。

（8） *The Worst Journey in the World* 二〇二ページ。

（9） *Silas* 二七ページ。

（10） チェリー＝ガラード、前掲書、一九六五年版 Foreword。

（11） *South with Scott* 六四ページ。

（12） チェリー＝ガラード、前掲書、二〇二ページ。

（13） Brent, *Captain Scott* 二〇八ページ。

（14） Mear & Swan, *In the Footsteps of Scott*, Introduction.

（15） Capricorn Press, *Antarctica* 一八四ページ。

（16） *Scott and Amundsen* 五五九ページ。これに関連して、中田の目にした最近のスコット評を二つあげておきたい。

（一） 右の注（15）の *Antarctica* は次のように言っている。庶民の英雄としてネルソンと並ぶほどだったスコットの像を批評家たちは等身大にまで削り落とそうとしてきたが、彼はいぜんとして極地探検の巨人としてとどまっている。（二） ダグラス＝モーソンの南極探検記 *The Home of the Blizzard* の簡約版（Wakefield Press, 1996）の序文でフィリップ＝ロー（南極探検家・科学者）はおよそ次のように言っている。探検家自身が行なった探検と発見の規模、隊としての地理および科学上の成果、探検家のリーダーとしての資質、後のために残した基礎と影響の四点を基準に検討してみると、スコット、モーソン、バード、フックスが抜きん出ている。

あとがき

『南極のスコット』というこの本の表題を見て、同じ表題の本がほかにもあったように思われた読者があるのではないだろうか。特に年配の人は中野好夫氏の本をすぐに思い出されたことだろう。

スコットの生国イギリスでは彼を"Scott of the Antarctic"と呼ぶことが多く、その訳語が「南極のスコット」というわけです。そして参考文献にも見られるように、その呼称を表題にした本が何冊か出ております。本書の表題もそれらにならったものです。ただ、イギリスでは元来その呼称には、南極の英雄というようなニュアンスが込められていたようですが、本書では単に「南極探検をしたスコット」という意味です。

極地探検に関する本や記事を読んだり、放送を視聴したりしていると、スコットについて著者や出演者あるいは解説者の単なる推測か思い込みにすぎない話や、間違いのデータに出くわすことが少なくありません。例を一つあげますと、Willy Ley: *The Poles*（タイム社、邦訳『両極』）には、一九一一年の一〇月二三日にスコットが基地でアムンセンの極点旅行出発（一〇月一九日）を伝え聞いたと書いてあります。スコットがいろいろな不運な出来事や条件のために出発するのが遅れているところへ、追い討ちをかけるようにその知らせが入ったというわけです。しかし南極の一〇月二三日といえば、夏に向かう季節とはいえ、まだ船の近づけない時期であり、また両隊とも航空機も無電の装置も持っていなかったから、六五〇キロメートル離れた鯨湾のことが短時日でエバンズ岬へ伝えられるなどありえないことです。

本書ではそういうことのないよう可能なかぎり努めました。それでも、文献の読み違いやデータの間違いがないとは言い切れません。そういう点や、その他の不備にお気づきの場合はご指摘いただけると幸いです。

終わりに、この本を書くうえでご支援いただいた方々のお名前を記録しておきたく思います。畑光夫氏、澤田敬人氏、宇都木慎一氏、および山崎哲秀氏には文献の入手を助けていただきました。宇都木氏にはまた、原稿を点検していただきました。国立極地研究所図書室と同所の松里房子氏、国立国会図書館およびイギリス図書館（British Library）にも資料についてお世話になりました。以上の方々と団体にお礼を申し上げます。

この本を書くようお勧めくださり、三年あまりにわたって温かい督促を続けてくださった清水幸雄氏、清水氏に私を推薦してくださった倉持三郎氏、出版の実務面でお世話になった村山公章氏および徳永隆氏にもお礼を申し上げます。

一九九七年七月　　中田　修

スコットの南極探検行動表

〔第一次探検〕

年	月	探検隊・基地（船）	旅行班
一九〇一	7	ロンドン出発	
	8		
	9		
	10	ケープ・タウン寄港	
	11	リトルトン寄港	
	12	リトルトン出発	
一九〇二	1	流氷帯、ロス海 エドワード七世ランド確認	
	2	ハット・ポイントに基地を定める	
	3		ロイズ班、クロージャ岬へ ビンス遭難死
	4	太陽去る	スコット班、南へ補給所づくり

一九〇三

5 6 7 8 9 10 11 12 1 2 3 4 5

- 5–9：越冬生活、科学観測、旅行準備
- 6：冬至祭
- 8：太陽再来
- 10：スコット班、南へ補給所づくり
- 10：ロイズ班、クロージャ岬へ
- 11–1：スコット班、南進旅行
  - 支援班引き返す
  - 南緯八二度一六分半へ到達、帰途につく
  - 船へ帰着
- 12–1：アーミテジ班、西部旅行
  - 山岳地帯を初めて踏査
  - 南極高原を発見
  - 船へ帰着
- 1：モーニング号来航
- 3：モーニング号去る
- 4：太陽去る
- 2–5：二度目の越冬生活、科学観測、旅行準備

6　冬至祭
8　太陽再来
9～10　ロイズ、ウィルソン班、皇帝ペンギン調査
スコット班、西部へ補給所づくり。バーン班、南へ補給所づくり
10～11　バーン、ミューロク班、南方面調査
フェラー班、西部地質調査
ウィルソン班、皇帝ペンギン調査
ロイズ班、南東方向へバリア調査
10～12　スコット班、西部旅行
一度引き返し再出発
南極高原を西へ進む
東経一四六度半へ到達
船へ帰着

一九〇四
1　モーニング号、テラ・ノバ号来航
2　ハット・ポイントを去る
北部地域を海上から調査
3　南極を去る
4　リトルトン着
5
6　リトルトン出発

	7	
	8	
	9	イギリスへ帰着、探検終了

〔第二次探検〕

年	月	探検隊・基地	旅行班	別働隊
一九一〇	6	ロンドン出発		キャンベルほか五人、初め東部隊、あとで北部隊
	7			
	8	ケープタウン寄港		
	9			
	10	メルボルン寄港、アムンセンの電報		
		リトルトン寄港		
	11	リトルトン出発		
	12	流氷帯		
		ロス海		
一九一一	1	南極へ到着		
		エバンズ岬に基地		

	2	3	4	5	6	7	8
	テラ・ノバ号去る テラ・ノバ号立ち寄る 基地留守班、基地整備、科学観測		太陽去る	越冬生活、科学観測、旅行準備	冬至祭		太陽再来
	補給所づくり 一トン補給所 キャンベルの手紙 バワズ事件	ハット・ポイント生活	一部の隊員基地へ帰る	全員基地へ帰る		ウィルソン班、冬旅行、皇帝ペンギン調査 基地へ帰着	
	第一次西部調査旅行、テーラー	ハット・ポイントへ帰着					
	船でエドワード七世ランドへ向かう ノルウェー隊と遭遇 西へ引き返し、アデア岬へ上陸	基地設営 科学観測		太陽去る 越冬生活	冬至祭	太陽再来	

一九一二

	9	10	11	12	1	2	3
			基地留守班、科学観測	デイ、フーパー、帰着	犬ぞり班帰着	第一支援班帰着 テラ・ノバ号来航	第二支援班帰着 テラ・ノバ号去る
	エバンズ大尉班、補給所確認・整備 スコット班、西部へ短期旅行		極点旅行、雪上車班出発 本隊出発	デイ、フーパー、引き返す ブリザードで四日間停滞 ビアドモア氷河。犬ぞり班引き返す	高原。第一支援班引き返す 第二支援班引き返す 極点到達、帰り旅を始める	ビアドモア氷河 エバンズ兵曹死す	オーツ、テントから去る
				第二次西部調査旅行、テーラー	基地から一トン補給所へ食糧補給 テラ・ノバ号に乗る	補給	極点班出迎え、チェリー＝ガラード 乗る
		西の地域の探検に出発。道がなくなり引き返す			テラ・ノバ号来航、乗船	エバンズ入江へ移る 調査旅行	テラ・ノバ号の迎えなく、越冬決心

11　10　9　8　7　6　5　4

太陽去る
二度目の越冬生活、科学観測、旅行準備
冬至祭
太陽再来
北部隊生還

スコットの最後の日記

極点班出迎え、アトキンソン
北部隊救援に向かうアトキンソン
ハット・ポイントから基地へ帰る
極点班捜索
極点班のテント発見

太陽去る
困難な越冬生活を始める
冬至祭
太陽再来
エバンズ岬基地へ向かって出発
基地へ帰着

一九一三

12	生存隊員全員基地に集結
1	テラ・ノバ号来航、帰国の途につく
2	リトルトン着
3	リトルトン出発
4	
5	
6	イギリスへ帰着、探検終了

〔付記　右の行動表は宇都木慎一氏の創意に基づくものである〕

参考文献

Scott, Robert, *The Voyage of the "Discovery"*, Charles Scribner's Sons, New York ; Smith, Elder, London, 1907（一九五三年版およびフランス語訳 *La "Discovery" au Pôle Sud* も使用した。初版ロンドン一九〇五年。ディスカバリー号の航海。邦〔抄〕訳『南極探検発見号の航海、付シャクルトン中尉の日記』東京内外出版協会、明治四三年）

The Diaries of Captain Robert Scott, 1～6, University Microfilms, Tylers Green, 1968（スコットの日記原本の複写版）

Scott, Robert, *Scott's Last Expedition*, Smith, Elder, London, 1913. I. *Being the journals of Captain R. F. Scott.* II. *Being the reports of the journeys and the scientific work undertaken by Dr. E. A. Wilson and the surviving members of the expedition*（スコットの最後の探検、第一巻・スコット大佐の日記、第二巻・ウィルソン医師および生存隊員による旅行と科学調査の報告。第一巻の邦〔抄〕訳「白い大陸南極へ」白柳美彦訳・編、「世界の名作図書館」四八、講談社、昭和四四年。第一巻の邦訳『スコット・南極探検日誌』中田修訳、ドルフィン・プレス・発売オセアニア出版社、一九八六年）

Armitage, Albert, *Two Years in the Antarctic*, Arnold, London, 1905（南極での二年）

Wilson, Edward, *Diary of the "Discovery" Expedition to the Antarctic 1901‐1904*, Blandford Press, London, 1966（ディスカバリー号南極探検日記）

Levick, Murray, *Antarctic Penguins: a study of their social habits*, William Heinemann, London, 1914（南極のペンギン、社会的習性の研究）

Priestley, Raymond, *Antarctic Adventure: Scott's northern party*, T. Fisher Unwin, London, 1914（南極の冒険、スコット隊の北部隊）

Taylor, Griffith, *With Scott: the silver lining*, Smith, Elder, London, 1916（スコットとともに、明るい一面）

Evans, Edward, *South with Scott*, Collins, London and Glasgow 出版年不明（初版一九二一年。邦〔抄〕訳「スコットとともに」半沢朔一郎訳、現代の冒険5『白い大陸に賭ける人々』文芸春秋、昭和四五年）

Ponting, Herbert, *The Great White South or with Scott in the Antarctic*, Duckworth, London, 1923（初版一九二一年。大きな白い南の国、スコットとともに南極で）

Cherry-Garrard, Apsley, *The Worst Journey in the World*, produced by the author and published for him by Chatto & Windus, London, 1937（一九六五年版も使用。初版一九二二年。邦訳『世界最悪の旅』加納一郎訳、朋文堂、一九四四年。同、朝日文庫、一九九三年。戸井十月〔抄〕訳、小学館、一九九四年）

Debenham, Frank, *In the Antarctic: stories of Scott's last expedition*, John Murray, London, 1952（南極

で、スコットの最後の探検の物語）
Lashly, William, *Under Scott's Command: Lashly's antarctic diaries*, Taplinger, New York, 1969（スコットの下で、ラッシリーの南極日記）
Wilson, Edward, *Diary of the "Terra Nova" Expedition to the Antarctic 1910–1912*, Blandford, London, 1972（テラ・ノバ号南極探検日記）
Gran, Tryggve, *The Norwegian with Scott: Tryggve Gran's antarctic diary 1910–1913*, HMSO Books, London, 1984（スコット隊のノルウェー人、トリグベ＝グランの南極日記）
Campbell, Victor, *The Wicked Mate: the antarctic diary of Victor Campbell*, Bluntisham Books, Erskine Press, 1988（意地悪副船長、ビクター＝キャンベルの南極日記）
Wright, Charles, *Silas: the antarctic diaries and memoir of Charles S. Wright*, Ohio State University Press, Columbus, 1993（チャールズ＝ライトの南極の日記と手記）
Markham, Clements, *The Lands of Silence*, Cambridge University Press, 1921（沈黙の地域）
Markham, Clements, *Antarctic Obsession*, Bluntisham Books, Erskine Press, 1986（南極の妄念）
Murray, George, *The Antarctic Manual for the Use of the Expedition of 1901*, Royal Geographical Society, London, 1901, photo-facsimile edition, Explorer Books（一九〇一年探検隊のための南極手引き）
National Antarctic Expedition, 1901–1904: meteorology, Royal Society, London, 1908（イギリス南極探

検、気象学）
National Antarctic Expedition, 1901-1904: album of photographs and sketches with a portfolio of panoramic views, Royal Society, London, 1908（イギリス南極探検、写真とスケッチ集および展望図集）
National Antarctic Expedition, 1901-1904: physical observations, Royal Society, London, 1908（イギリス南極探検、物理学上の観測）
Turley, Charles, *The Voyages of Captain Scott*, Dodd, Mead & Company, New York, 1915.
Gwynn, Stephen, *Captain Scott*, The Bodley Head, London, 1929.
Seaver, George, *Scott of the Antarctic: a study in character*, John Murray, London, 1953（初版一九四〇年。南極のスコット、性格の研究）
Pound, Reginald, *Scott of the Antarctic*, Cassell, London, 1966.
Brent, Peter, *Captain Scott and the Antarctic Tragedy*, Saturday Review Press, New York, 1974（邦訳『スコット大佐、南極の悲劇』高橋泰邦訳、草思社、一九七九年）
Huxley, Elspeth, *Scott of the Antarctic*, Atheneum, New York, 1978.
Huntford, Roland, *Scott and Amundsen*, Weidenfeld, London, 1993（初版一九七九年）
Seaver, George, *Edward Wilson of the Antarctic: naturalist and friend*, John Murray, London, 1933（南極のウィルソン、博物学者および友人）

Bellingshausen, Thaddeus (Bellinsgauzen, Faddei), *The Voyage of Captain Bellingshausen to the Antarctic Seas 1819–1821*, translated from the Russian, (Hakluyt Society, 1945), Kraus Reprint, 1986（原語版初版一八二八年（?)。南極海域への航海）

Weddell, James, *A Voyage towards the South Pole, performed in the years 1822–24*, (Longman, Rees, Orme, Brown & Green, 1825), David & Charles Reprints, 1970（南極へ向かう航海）

Ross, James Clark, *A Voyage of Discovery and Research in the Southern and Antarctic Regions during the years 1839–43*, (John Murray, 1847), David & Charles Reprints, 1969（南方および南極地域の発見と調査の航海）

Moseley, H. N., *Notes by a Naturalist on the Voyage of H. M. S. "Challenger"*, John Murray, London, 1892（博物学者によるチャレンジャー号の航海手記）

Cook, Frederick, *Through the first Antarctic Night 1898–1899*, Doubleday & McClure, New York, 1900（最初の南極の夜を過ごす）

Borchgrevink, Carsten, *First on the Antarctic Continent*, George Newnes, London, 1901（南極大陸一番乗り）

Bernacchi, Louis, *To the South Polar Regions*, (Hurst & Blackett, 1901), Bluntisham Books, Erskine Press, 1991（南極地域へ）

Shackleton, Ernest, *The Heart of the Antarctic*, Heinemann, London, 1909（南極の深奥部）

Amundsen, Roald, *Sydpolen*, Jacob Dybwads Forlag, Kristiania, 1912（南極点。英訳 *The South Pole*. アムンセン執筆部分の邦訳『南極の征服』上・下、道本清一郎訳、淡海堂、一九四三年。「南極点征服」谷口善也〔抄〕訳、現代の冒険5『白い大陸に賭ける人々』文芸春秋、昭和四五年。『南極点』中田修訳、ドルフィン・プレス、一九九〇年。同・朝日文庫、一九九四年）

Nansen, Fridtjof, *Fram Over Polhavet*, H. Aschehoug, Kristiania, 1897（北極海横断。英語版 *Farthest North*. 邦〔抄〕訳『極北』上・下、沢田洋太郎訳、福音館書店、一九七六年）

Peary, Robert, *The North Pole*, Stokes, New York, 1910（邦訳『北極点』中田修訳、ドルフィン・プレス、一九九三年）

Cook, Frederick, *My Attainment of the Pole*, Mitchell Kennerley, New York and London, 1912（私の極点到達）

Kirwan, Laurence, *A History of Polar Exploration*, W. W. Norton, New York, 1960（初版一九五九年。邦訳『極地探検の歴史、白い道』上・下、加納一郎訳、社会思想社、昭和四六年）

Capricorn Press (edited and designed by), *Antarctica*, Reader's Digest, 1990（初版一九八五年）

Headland, Robert, *Chronological List of Antarctic Expeditions and Related Historical Events*, Cambridge University Press, 1989（南極探検と関連事項年表）

Keay, John (general editor), *The Royal Geographical Society History of World Exploration*, Hamlyn, London, 1991（王立地理協会世界探検史）
Mear (Roger) & Swan (Robert), *In the Footsteps of Scott*, Jonathan Cape, London, 1987（スコットの足跡をたどって）
Courtney, Julia, *Sir Peter Scott*, Exley, Watford, 1989（邦訳『ピーター・スコット』乾侑美子訳、偕成社、一九九三年）
Trevelyan, G. M., *Illustrated History of England*, Longmans, London, 1962（初版一九二六年。挿し絵入りイギリス史）
中野好夫『南極のスコット』小山書店、一九四九年
本多勝一『アムンセンとスコット』教育社、昭和六二年（初版昭和六一年）
南極探検後援会『南極記』昭和五九年複刻版、白瀬南極探検隊を偲ぶ会（初版大正二年、南極探検後援会）
木村義昌・谷口善也『白瀬中尉探検記』大地社、昭和一七年
朝日新聞社『朝日新聞一〇〇年の記事に見る・2、探検と冒険』一九七九年
神沼克伊『南極情報101』岩波書店、一九八三年
舟津圭三『犬ぞり隊、南極大陸横断す』講談社、一九九二年
長島伸一『世紀末までの大英帝国』法政大学出版局、一九八七年

〔付記　右の文献は中田が参考にしたもの、もしくは目にしたもの（複写を含む）だけである〕

図版類の出典（数字は本書のページ）

〔写真・図版〕（　）内は撮影者で、ポはポンティング、無記載は撮影者不明

Turley, *The Voyages of Captain Scott*　一四

National Antarctic Expedition, 1901-1904 : album（国立国会図書館蔵本）三一（スケルトン）、四二〜四三（バーナッキー）、五四、六八（スケルトン）

La "Discovery" au Pôle Sud（国立国会図書館蔵本）四〇（フォード）、四一

The Voyage of the "Discovery"（一九五三年版）四五、五一

The Voyage of the "Discovery"（一九〇七年版）五六

Armitage, *Two Years in the Antarctic*（国立極地研究所蔵本）六六

Scott's Last Expedition　ジャケット（ポ）、口絵（ポ）、七二（ポ）、八二（ポ）、八四（ポ）、八六（ポ）、九二〜九三（ポ）、九七（ポ）、九八（ポ）、九九（ポ）、一〇一（ポ）、一〇六（ポ）、一〇八（デベナム）、一〇九（ポ）、一一一（ポ）、一一七（ポ）、一一八（ポ）、一二二（バワズ）、一二五（バワズ）、一二七、一二八（バワズ）、一四六、一五八（ポ）、一五八（ポ）、一六六（デベナム）、一七〇（グラン）、一八五

〔デベナム〕
Amundsen, *Sydpolen*　一七四
Priestley, *Antarctic Adventure*　一八一

〔地図〕
National Antarctic Expedition, 1901-1904 : meteorology　二〇
The Voyage of the "Discovery"（一九五三年版）三八〜三九
National Antarctic Expedition, 1901-1904 : physical observations　三八〜三九
Scott's Last Expedition　八七、一〇七、一一五、一七八
Shackleton, *The Heart of the Antarctic*　一一五

〔付記　地図は合成などして手を加えてあり、文献のものと同じではない〕

さくいん

【人　名】

【地　名】

南極《なんきょく》のスコット■人と思想147　　定価はカバーに表示

1998年1月20日　第1刷発行©
2015年9月10日　新装版第1刷発行©

・著　者 ……………………………… 中田《なかだ》　修《おさむ》
・発行者 ……………………………… 渡部　哲治
・印刷所 ……………………… 広研印刷株式会社
・発行所 …………………… 株式会社　清水書院

〒102-0072　東京都千代田区飯田橋3-11-6
Tel・03(5213)7151～7
振替口座・00130-3-5283
http://www.shimizushoin.co.jp

検印省略
落丁本・乱丁本は
おとりかえします。

CenturyBooks

Printed in Japan
ISBN978-4-389-42147-2

Century Books

清水書院の〝センチュリーブックス〟発刊のことば

近年の科学技術の発達は、まことに目覚ましいものがあります。月世界への旅行も、近い将来のこととして、夢ではなくなりました。しかし、一方、人間性は疎外され、文化も、商品化されようとしていることも、否定できません。

いま、人間性の回復をはかり、先人の遺した偉大な文化を継承して、高貴な精神の城を守り、明日への創造に資することは、今世紀に生きる私たちの、重大な責務であると信じます。

私たちがここに、「センチュリーブックス」を刊行いたしますのは、人間形成期にある学生・生徒の諸君、職場にある若い世代に精神の糧を提供し、この責任の一端を果たしたいためであります。

ここに読者諸氏の豊かな人間性を讃えつつご愛読を願います。

一九六七年

清水 棟山

SHIMIZU SHOIN